主　编：钟晓敏

副主编：沈玉平　张雷宝　李永友　金　戈（常务）

编辑部主任：金　戈

编　辑：（按姓氏笔画）

　　　　王　晟　叶　宁　司言武　刘　炯　刘初旺

　　　　赵海利　龚刚敏　童光辉　董根泰　葛夕良

主 编 钟晓敏

公共财政评论

2019

Public Finance Review

ZHEJIANG UNIVERSITY PRESS
浙江大学出版社

图书在版编目（CIP）数据

　公共财政评论.2019 / 钟晓敏主编. —杭州：浙江大学出版社，2019.11
　ISBN 978-7-308-19733-5

　Ⅰ.①公… Ⅱ.①钟… Ⅲ.①公共财政—中国—文集 Ⅳ.①F812-53

　中国版本图书馆 CIP 数据核字（2019）第 246937 号

公共财政评论 2019

钟晓敏　　主编

责任编辑	陈佩钰
文字编辑	严　莹
责任校对	周　群
封面设计	杭州林智广告有限公司
出版发行	浙江大学出版社
	（杭州市天目山路 148 号　邮政编码 310007）
	（网址：http://www.zjupress.com）
排　　版	杭州中大图文设计有限公司
印　　刷	杭州高腾印务有限公司
开　　本	787mm×1092mm　1/16
印　　张	9.5
字　　数	185 千
版 印 次	2019 年 11 月第 1 版　2019 年 11 月第 1 次印刷
书　　号	ISBN 978-7-308-19733-5
定　　价	49.00 元

目录
Contents

CONTENTS

增值税具有国际贸易中性吗？

——基于中国贸易伙伴国增值税税制的实证分析*

◎毛　捷　马铭忆　曹　婧

摘　要：增值税是否具有国际贸易中性，学术界对此存在激烈争论。本文利用1980—2014年中国与65个贸易伙伴国的国际贸易数据，实证检验了贸易伙伴国增值税税制对中国国际贸易的影响。研究发现，贸易伙伴国实行增值税税制或提高增值税收入占总税收收入的比重，均会对我国对外贸易产生负向影响；且上述负向影响存在收入水平异质性。贸易伙伴国增值税税制对中国对外贸易的负向影响主要来自低收入贸易伙伴国。本文的研究结论为推动该领域学术争鸣提供了新的经验证据，也为优化增值税税制进而促进我国对外贸易发展提供了科学依据。

关键词：增值税；国际贸易；税收中性

一、引言及文献评述

随着经济全球化进程不断加快，增值税也在全球迅速推广，成为一个对全球贸易活动影响巨大的税种。虽然增值税享有"税收中性"的美誉，但近年来学界对其效率和福利方面的研究成果动摇了对这一理论的普遍认知。不过其原因并不在于增值税税制本身的缺陷，而是由于增值税往往在一国税制中占据重要地位，各国政府在设计税制时会使其承担除筹集税收收入之外的其他职能，如调控产业升级、促进社会公平等。以中国为例，从一般纳税人和小规模纳税人的设计，到各种不同程度的税收豁免，再到

---

*　基金项目：北京市社会科学基金一般项目（批准号17YJB015）；对外经济贸易大学高层次人才特殊支持计划（惠园优秀青年学者）（批准号17YQ02）。

毛捷，对外经济贸易大学国际经济贸易学院，zjumilesark@126.com（或 maojie@uibe.edu.cn）；马铭忆，中国人民银行深圳市中心支行；曹婧，对外经济贸易大学国际经济贸易学院。

不完全的出口退税,可以看出我国的增值税链条其实是不完整的,因而我国的增值税税制也是非中性的。在这一背景下,全球风靡的增值税仍然能够保持税收中性吗?本文利用 1980—2014 年中国与 65 个贸易伙伴国的国际贸易数据,实证分析贸易伙伴国增值税税制对中国对外贸易的影响,进而检验增值税是否具有国际贸易中性。

在增值税理论发展早期,其贸易中性的特点是经济学者的普遍共识。Grossman(1980)在对营业税和增值税进行同一税率的分析后得出,在实行目的地原则的前提下,营业税会对贸易造成较为严重的扭曲,而不论采取何种征税原则,增值税都呈现出贸易中性的特点。Hamilton 和 Whalley(1986)经过计量检验证明,即使在不同产品税率差异化的条件下,增值税贸易中性仍然存在。对于其具体原因,Feldstein 和 Krugman(1989)给出了如下解释:增值税为各国国际贸易竞争提供了一个公平的竞技场。商品在离开一国关境时,如果其流转过程中所交的商品税(即增值税)被悉数返还给生产者,那么该商品就可以以一个无税的价格进入国际市场。而在进入消费国关境之时,如果消费国根据其税制对该商品征收商品税,那么该商品在进入该国市场时所承担的税负就与该国本土生产的商品所承担的税负完全一致,从而实现了对国际贸易的零扭曲零干扰。因此,增值税具有贸易中性的特点。除了增值税本身的运行机制之外,国际贸易理论的相关内容也证实了增值税贸易中性的特点。Frenkel 和 Razin(1986)认为,增值税对离开关境的商品退税并同时对进入关境的商品征税,相当于是对净进口额征税或者是对净出口额退税。长期来看,没有国家能够永远地维持贸易顺差或贸易逆差,因此一国的进口额和出口额是相等的,即净进口额和净出口额都为零。既然增值税的应纳税增值额为零,那么增值税对国际贸易的影响自然不复存在。Graetz(2002)、Desai 和 Hines(2005)还提到,实行目的地原则的增值税制度不会对一国进出口产生影响,如果汇率的升值比率恰好与在目的地原则下采用的增值税税率相等,汇率就可以自动抵消增值税对进出口的刺激作用。

然而学界也不乏反对的声音。首先,从现实情况出发,理论中"完美的增值税"的存在的可能性是微乎其微的。增值税除了筹集财政收入之外,通常还会被赋予各种经济调节职能,又或者政府出于政治方面的考虑,对一些公共部门的服务采取低税率甚至免税,如医疗、教育、公共卫生等。因此,在一国范围内,贸易部门的税率比非贸易部门的更高(Feldstein 和 Krugman,1989;Ebrill 等,2001)。而增值税是否具有中性取决于不同部门或者产业的有效税率是否一致,当贸易部门背负了更沉重的税负时,贸易部门在国民经济中的占比会日渐缩小,进出口必然受到影响(Keen 和 Lockwood,2007)。其次,税种替代效应也会影响增值税的贸易中性。Dahlby(2003)认为,所得税会对贸易产生负面影响，一个经济体可以通过提高消费税地位的方法来减少所得税对市场的扭曲，进而提高生产效率，获得竞争优势。邓力平和王智烜（2011）认为，增值税的发展与关税的减少是紧密联系着的，由于关税的减少降低了其对国际贸易的扭曲，增值税代替关税显然是有利于国际贸易发展的。再次，出口退税的问题可能导致增值税贸易中性受到影响。当出口退税效率低，且不能完全退税时，增值税便有了关税的性质，会阻碍国际贸易的发展（Desai 和 Hines，2005；Keen 和 Syed，2006）。最后，非正规经济的存在也会影响到增值税的贸易中性。由于非正规经济打破了增值税链条，导致部分投入要素的进项税额无法返还，在此情形下，增值税会对国际贸易产生不利影响（Piggott 和 Whalley，2001；Emran 和 Stiglitz，2005；Keen，2008；程风雨，2015）。

虽然国内外相关研究已取得重大进展，但仍存在以下不足：（1）在理论研究方面，虽然从税制设计这一角度出发，增值税的确具有贸易中性，但这些理论分析在现实意义方面普遍有缺陷。Grossman（1980）的分析没有考虑真实税制的设计情况；Frenkel和 Razin（1986）的理论前提的问题在于时间跨度太长，因此不具有现实意义；Graetz（2002）、Desai 和 Hines（2005）的汇率调整法也不能在现实中得到满足。（2）在实证研究方面，增值税的税制设计在各个国家之间存在着一定的差别，其贸易中性的特点在不同国家、不同产业间也体现出了异质性，而 Graetz（2002）、Keen 和 Syed（2006）等人的实证检验主要以发达国家为研究对象，因此结论可能对发展中国家并不适用。Piggott 和 Whalley（2001）、Keen（2008）和程风雨（2015）的实证设计均涉及了非正规经济因素，而目前非正规经济行为在衡量方法上仍没有一个科学的方法，因此其对增值税贸易中性实证结果的准确性仍有待商榷。

本文的可能贡献在于：第一，本文选择以中国对外贸易为主体，研究贸易伙伴国增值税税制对中国对外贸易的影响，进而检验增值税国际贸易中性在发展中国家是否成立；第二，本文尝试将增值税税制的度量进一步细化，并将其与贸易伙伴国人均收入水平的交互作用纳入研究范围，全面详尽地研究贸易伙伴国增值税税制对中国对外贸易的影响。

本文余下内容安排如下：第二部分分析增值税对国际贸易产生影响的作用机理，提出相关假说；第三部分介绍实证方法，并说明相关数据；第四部分报告实证结果，包括基准回归结果及其稳健性检验；第五部分为全文结论。

二、理论分析及假说

本部分基于微宏观视角展开分析,阐释增值税影响国际贸易的内在机制,为后续的实证分析提供理论依据。

从微观上看,增值税主要从税收成本和税收豁免两个方面影响国际贸易。第一,税收成本。对生产成本而言,政府的征税成本、纳税人的遵从成本均有可能使其大幅上升,从而降低一国商品在国际市场上的价格优势以及竞争力。以欧洲单一市场为例,由于和单一市场外部交易相比,市场内部交易缴税程序相似、规则限制较少,单一市场内部的国家可能会停止从外部世界进口成本低的产品,改为从伙伴国进口成本较高的产品,对全球经济造成了一定的低效和损失,对单一市场外部国家的国际贸易发展更是不利。由于各国税制不同,税收遵从成本的差异也会直接影响各国商品的国际竞争力。鉴于税收成本在各个税种之间均普遍存在,并且所得税的征收成本普遍比消费税更高,因此一国开征增值税或提高增值税占总税收收入比重将会降低社会运行和企业生产成本,有利于提高商品国际竞争力,促进其国际贸易发展。

第二,税收豁免。尽管设计初衷是正面的,但税收豁免政策的执行效果值得谨慎考量。首先,在税收豁免条件下进项税额无法抵扣,企业可能会改变采购决策,尽可能采用内部供给的生产原料,从而影响了税收中性;其次,此类政策也增加了税收征收及监管的复杂性和税收收入的不确定性;最后,在通常情况下,该类政策还会刺激不法分子进行一些钻政策漏洞的违法行为。虽然增值税的税收豁免政策会对经济活动产生影响,但在国际贸易领域,这并非主流,因为大多数税收豁免的商品是非贸易部门的产品,如医疗、教育等,或是供国内低收入人群消费的生活必需品,因而该机制对国际贸易的影响较小。但值得注意的是,如果非贸易部门享受的税收豁免政策过多,则增值税的法定税率必然会相应提高,以从贸易部门筹集更多的增值税来弥补这部分税收收入损失,而这必然对出口造成不利影响。

从宏观上看,增值税主要从二次效应和税种替代效应两个方面影响国际贸易。第一,二次效应。由所得税向消费税的转变很有可能给经济增长率带来显著的正面影响,其影响机制如下:弱化直接税可以提高储蓄收益率,通过提高储蓄收益率可以促进一国储蓄率水平上升,而高储蓄率往往意味着大量的低价投资资金,这显然对生产率提高和经济增长有着利好影响,且小型开放经济体更容易从这种转变中获益①。一国经济表现整体上升自然会对其国际贸易发展带来正面影响,因此当所得税占税收总收入比重下降、增值税占税收总收入比重上升时,该税制变化会促进国际贸易发展。

第二,税种替代效应。(1)增值税替代个人所得税。增值税不对储蓄征税,因此用增值税替代个人所得税可以使后者对储蓄决策的扭曲程度降低,从而使得国内消费回落到应有水平。对出口而言,由于在短时间内国民产出水平不会变,出口会因此增加,在长期情况下,由于产出水平是可以变化的,这种效应会慢慢消失;对进口而言,短期内由于消费能力的下降,进口也会相应下降,而长期来看,由于外汇储备的增加带动本国货币的升值,进口会增加。(2)增值税替代企业所得税。当企业所得税税负下降时,企业使用资本的成本也会随之下降,进而导致资本与劳动力的价格比降低,企业会更多地投入资本来代替劳动。虽然资本代替劳动会导致就业率下降,但劳动生产率会更高,在低成本与高生产率的双重影响下,商品价格随之下降。(3)增值税替代社会保险缴款与关税。社会保险缴款水平降低会直接降低企业的工资薪金成本,从而降低商品价格;关税一直是国际贸易的主要壁垒,其税收收入占比的降低是对国际贸易的重大利好。就税种替代效应而言,一国开征增值税或提高增值税占总税收收入比重,总体上会降低税收对经济的干扰程度,并且减少商品进入国际市场时的直接税税负,使商品获得价格优势,进而给国际贸易的发展带来正面影响。

依据上述机理分析,我们得出以下有待实证检验的假说:整体而言,中国的贸易伙伴国开征增值税或提高增值税占总税收收入比重会阻碍中国国际贸易发展,进而影响增值税的国家贸易中性。

三、实证方法和数据说明

(一)实证方法

贸易引力模型(Gravity Model of Trade)是国际贸易流量的主要实证研究工具,其基本思想源于物理学家牛顿提出的万有引力定律。Tinbergen(1962)和 Poyhonen(1963)首次将引力模型用于研究国际贸易问题,他们提出:两国的经济规模反映出潜在供给能力和市场需求水平,故双边贸易规模与两国的经济总量呈正相关关系;两国

---

① 在封闭经济体或能够影响全球经济的大型经济体中,储蓄的增加伴随着"一对一"式的投资的增加,而当投资增加时,其回报率随之降低,因此抵消了部分储蓄收益率的变动效应。

之间的地理距离反映出双边贸易成本,故双边贸易规模与两国之间的地理距离呈负相关关系。Linnemann(1966)将人口规模变量加入引力模型,认为双边贸易规模与人口数量呈正相关关系。在此基础上,Bergstrand(1989)又引入人均收入、汇率波动等虚拟变量,进一步扩展了传统的贸易引力模型。鉴于引力模型所需数据易于获得且可信度较高,贸易引力模型在实证研究中得到了广泛应用。

为了检验增值税是否具有国际贸易中性,在标准的贸易引力模型的基础上,我们引入贸易伙伴国增值税税制这一变量,拓展后的贸易引力模型如下:

$$\ln Trade_{it} = \alpha + \beta_1 VAT_{it} + \mu_1 \ln GDPPC_{it} + \mu_2 X_{it} + \lambda_i + \varepsilon_{it} \tag{1}$$

式中,下标 i 为中国的贸易伙伴国, t 为年份; $Trade_{it}$ 分别为中国对贸易伙伴国的贸易出口额和净出口(出口额与进口额之差)[①]; VAT_{it} 衡量了贸易伙伴国的增值税税制,它具体包含三个变量,一是是否征收增值税虚拟变量(征收增值税为 1,否则为 0),二是增值税收入占总税收收入的比重,三是增值税法定税率(用于稳健性检验); $GDPPC_{it}$ 为实际人均 GDP; X_{it} 为控制变量,包括本币兑美元汇率和政府规模,其中,政府规模是指政府支出占 GDP 的比重; λ_i 为个体固定效应,以控制随国家变化但不随时间变化的不可观察因素的影响[②]; ε_{it} 为误差项。我们关注 β_1 的符号和显著性, β_1 显著为正表明中国的贸易伙伴国开征增值税或提高增值税占总税收收入比重对中国出口贸易具有促进作用,反之表明具有抑制作用。

为了检验上述效应是否具有收入水平异质性,在模型(1)中引入 $VAT_{it} * \ln GDPPC_{it}$ 这一交互项,计量方程如下:

$$\ln Trade_{it} = \alpha + \beta_1 VAT_{it} + \beta_2 VAT_{it} * \ln GDPPC_{it} + \mu_1 \ln GDPPC_{it} + \mu_2 X_{it} + \lambda_i + \varepsilon_{it} \tag{2}$$

我们关注 β_1 和 β_2 的符号和显著性, β_1 显著为正表明中国的贸易伙伴国开征增值税或提高增值税占总税收收入比重对中国出口贸易具有促进作用,反之表明具有抑制作用。 β_2 显著为正表明贸易伙伴国的收入水平对上述效应具有正向影响,反之表明具有负向影响。

---

① 由于中国的进口商品中大量货物被用于加工贸易再出口,而非进入消费环节,故不将进口额单独纳入研究范围。

② 参见 Cheng 和 Wall(2005),我们在标准的贸易引力模型中引入个体固定效应。鉴于中国的贸易伙伴国与中国的地理距离不随时间变化而变化,一旦控制个体固定效应后,需要将地理距离变量从模型中移除。

（二）数据说明

我们选取了1980—2014年中国与65个贸易伙伴国的面板数据，国际贸易数据来自国际货币基金组织的国际贸易数据库（IMF Data Direction of Trade Statistics，DOTS）[①]；税收数据来自经合组织税收数据库（OECD Statistics），包括某一年份某国是否征收增值税、增值税收入占总税收收入比重、增值税法定税率[②]；拉美国家的增值税法定税率数据来自拉丁美洲和加勒比地区经济委员会的财政收入数据库（CEPALSTAT Revenue Statistics）[③]；实际人均GDP（按购买力平价计算）、汇率、政府支出占GDP的比重等相关经济数据来自佩恩表9.0。

表1给出了本文实证分析所用主要变量的描述性统计结果。

表1　主要变量描述性统计

变量	变量名	观测值	均值	标准差	最小值	最大值
export	中国对外贸易出口额	1991	4617.5500	15791.27	0.0071	161818.0000
balance	中国对外贸易净出口额	2152	−3792.9090	22785.9000	−325982.0000	60654.6000
vat_dummy	是否征收增值税虚拟变量	2345	0.7467	0.4350	0.0000	1.0000

---

① 贸易数据主要来自各国向国际货币基金组织的汇报，对于一些不汇报的国家，国际货币基金组织会从其他数据库中获取相关数据，如欧盟统计局的外贸数据库（Comext Database）和联合国的外贸数据库（Comtrade Database），或者通过贸易伙伴的汇报数据来估算其贸易数据。由于DOTS的数据使用的是当年数据，未经通胀调整，因此本研究使用美国劳工部的CPI指数对该部分数据进行了调整。为了配合控制变量数据，基年选择2011年。

② 根据经合组织标准，税种被分为五大类：所得税（1000）；社会保险缴款（2000）；工薪税（3000）；财产税（4000）；货物劳务税（5000）。在货物劳务税目录下，消费税为（5100），其中一般货物劳务税为（5110），包含增值税（5111）和销售税（5112）；对特殊货物和服务征收的消费税目录为（5120），包含特别消费税（5121）、关税（5123）和特别服务税（5126）。各国增值税的税收统计范围基本一致，只是可能在一些很细小的方面有所差别，如对金融和保险服务的征税收入，由于难以将其从整体增值税收入中剥离出来，有些国家把这部分税收收入也归入了增值税收入。

③ 除了经合组织税收数据库和拉丁美洲和加勒比地区经济委员会的财政收入数据库之外，还有以下常用税收数据库：国际货币基金组织的财政统计数据库（Government Finance Statistics）、世界银行数据库、国际税收与发展中心的财政数据库（Government Revenue Dataset of International Centre for Tax and Development，ICTD）。由于上述数据库没有将增值税的税收收入单独统计，而是和销售税合并在一起，如在国际货币基金组织的财政统计数据库中，增值税的税收编码是GF11411，销售税的税收编码是GF11412，而在该数据库中，货物服务税的统计只精确到一般货物劳务税，其税收编码为GF1141，故而上述数据库中的数据无法在本研究中使用。

续表

变量	变量名	观测值	均值	标准差	最小值	最大值
vat_ratio	增值税收入占税收收入比重	1801	20.5691	10.3894	3.3000	50.6000
gdppc	实际人均 *GDP*	2225	17791.0600	13785.4000	499.1561	84270.2900
exchange	本币兑美元汇率	2225	211.5573	965.6231	0.0000	11865.2100
gov_size	政府支出占 GDP 比重	2225	0.1737	0.0606	0.0535	0.4199

四、实证结果

(一)基准回归

表 2 中(1)和(3)报告了利用(1)式估计贸易伙伴国是否征收增值税影响中国对外贸易的实证结果。我们尝试使用固定效应模型(Fixed-Effect Model)和随机效应模型(Random-Effect Model)估计(1)式,Hausman 检验支持采用固定效应模型。回归结果显示,是否征收增值税虚拟变量的回归系数不显著,这似乎意味着贸易伙伴国是否征收增值税对中国对外贸易出口额和净出口额没有显著影响。在此基础上,我们引入贸易伙伴国是否征收增值税与贸易伙伴国人均收入水平的交互项,表 2 中(2)和(4)的回归结果显示,与增值税非中性理论相符,贸易伙伴国开征增值税对中国对外贸易出口额产生了显著负向影响(系数为−2.276,在 5％的显著性水平下显著),并且贸易伙伴国人均收入越高,上述负向影响越小(系数为 0.261,在 5％的显著性水平下显著)。贸易伙伴国是否征收增值税对中国对外贸易净出口额的影响与之类似,但相较于中国对外贸易出口额,贸易伙伴国是否征收增值税对中国对外贸易净出口额的影响程度更大且更为显著。

下面考察控制变量的回归系数:(1)贸易伙伴国人均 GDP 对中国对外贸易出口额和净出口额的影响显著为正,表明市场规模是影响双边贸易的重要因素,这符合对贸易引力模型的一般认识;(2)贸易伙伴国的政府规模对中国对外贸易出口额和净出口额的影响显著为正,一种可能的解释是政府规模扩张提高了贸易伙伴国的经济开放程度,有利于我国发展对外贸易。汇率要素对中国对外贸易的影响不显著,在此不做分析。

表 2　贸易伙伴国是否征收增值税对中国对外贸易的影响

	lnexport		lnbalance	
	(1)	(2)	(3)	(4)
vat_dummy * lngdppc		0.261**		0.383***
		(2.94)		(3.78)
vat_dummy	0.112	−2.276**	−0.092	−3.562***
	(1.22)	(−2.79)	(−0.79)	(−3.85)
lngdppc	2.959***	2.632***	2.673***	2.201***
	(28.12)	(17.22)	(20.72)	(12.28)
lnexchange	0.011	0.014	0.017	0.024
	(0.69)	(0.87)	(0.65)	(0.91)
gov_size	4.849***	4.211***	4.401***	3.634***
	(7.10)	(5.89)	(5.08)	(4.10)
个体固定效应	控制	控制	控制	控制
观测值	2044	2044	1459	1459
R^2	0.3726	0.4894	0.5087	0.6162

注：*、** 和 *** 分别为 10%、5% 和 1% 的显著性水平，括号内为 t 值，残差均聚类至国家。

表 3 是改用增值税收入占税收收入比重衡量贸易伙伴国增值税税制的回归结果。回归结果显示，与增值税非中性理论相符，贸易伙伴国增值税收入占税收收入比重提高对中国对外贸易出口额和净出口额产生了显著负向影响，并且贸易伙伴国人均收入越高，上述负向影响越小。

表 3　贸易伙伴国增值税收入占比对中国对外贸易的影响

	lnexport		lnbalance	
	(1)	(2)	(3)	(4)
vat_ratio * lngdppc		0.141***		0.136***
		(5.81)		(1.29)
vat_ratio	0.028	−1.337***	0.043	−1.281***
	(1.37)	(−5.67)	(1.61)	(−4.74)

续表

	lnexport		lnbalance	
	(1)	(2)	(3)	(4)
lngdppc	3.189***	2.264***	2.749***	1.886***
	(25.13)	(11.16)	(18.9)	(8.31)
lnexchange	0.004	0.011	0.244***	0.249***
	(0.11)	(0.28)	(4.67)	(4.80)
gov_size	6.905***	5.722***	4.038***	2.858*
	(7.75)	(6.32)	(3.68)	(2.57)
个体固定效应	控制	控制	控制	控制
观测值	1689	1689	1258	1258
R^2	0.3411	0.4582	0.4869	0.5952

注：*、**和***分别为10%、5%和1%的显著性水平，括号内为 t 值，残差均聚类至国家。

总体上来讲，贸易伙伴国实行增值税税制会对我国对外贸易产生负向影响，并且当贸易伙伴国人均收入水平越低时，这种负向影响就会越大。这与前文的理论分析相符：首先，相比于所得税和特别商品税，增值税的税收成本较低，且对经济活动的干预较少，提高增值税收入在国家税收收入的地位有利于减少税收对经济活动的干扰。具体到国际贸易，当商品进入国际市场时，由于该商品之前缴纳的增值税会在出关时悉数返还，因此该商品价格只包含进入国际市场前的生产流通环节缴纳的所得税和特别商品税。当增值税收入占国家税收收入比重升高、所得税和特别商品税收入占国家税收收入比重降低时，其他非中性税种对商品的影响会越来越小，商品在进入国际市场时承担的税负便降低了，价格也将更具有竞争力，从而使中国的商品在国际市场上面临越来越大的竞争压力。当该国商品的国际市场竞争力高于中国商品的国际市场竞争力时，中国的出口贸易自然会受到负面影响，出现中国国际贸易出口额和净出口额双双下降的现象。其次，贸易伙伴国人均收入水平对增值税税制效应的影响也符合现实，即高收入国家往往税制更完备，税收系统运行也更高效，因而其税收系统对经济的扭曲程度相较于低收入国家来说更小。

（二）稳健性检验

以下通过变换核心解释变量为贸易伙伴国增值税法定税率的方式，对上述基准回归结果进行稳健性检验。由于增值税法定税率的数据可得性较差,只能获取 1980—2014 年 36 个 OECD 国家和 13 个拉丁美洲国家的增值税法定税率数据,因此该回归的样本量较小。

表 4 是改用增值税法定税率衡量贸易伙伴国增值税税制的回归结果。(1)和(2)的回归结果显示,贸易伙伴国增值税法定税率对中国对外贸易出口额产生了显著正向影响(系数为 1.427,在 1% 的显著性水平下显著);加入交互项后,贸易伙伴国增值税法定税率对中国对外贸易出口额仍具有显著正向影响(系数为 1.628,在 1% 的显著性水平下显著),并且贸易伙伴国人均收入越高,上述正向影响越大(系数为 0.083,在 1% 的显著性水平下显著)。贸易伙伴国增值税法定税率对中国对外贸易净出口额的影响与之类似,但相较于中国对外贸易出口额,贸易伙伴国增值税法定税率对中国对外贸易净出口额的影响更大。

表 4　贸易伙伴国增值税法定税率对中国对外贸易的影响

	$\ln export$		$\ln balance$	
	(1)	(2)	(3)	(4)
$vat\_rate * \ln gdppc$		0.083***		0.113***
		(5.79)		(5.78)
vat_rate	1.427***	1.628***	1.611***	1.939***
	(6.51)	(7.43)	(5.60)	(6.73)
$\ln gdppc$	3.918***	2.135***	3.106***	0.733
	(29.56)	(6.38)	(16.87)	(1.64)
$\ln exchange$	−0.054***	−0.061***	−0.047	−0.093**
	(−3.39)	(−3.87)	(−1.54)	(−3.02)
gov_size	5.088***	4.689***	5.668***	4.189***
	(5.64)	(5.25)	(4.68)	(3.44)
个体固定效应	控制	控制	控制	控制
观测值	1300	1300	949	949
R^2	0.3692	0.4734	0.4957	0.5816

注:*、** 和 *** 分别为 10%、5% 和 1% 的显著性水平,括号内为 t 值,残差均聚类至国家。

与前文实证结果相类似,贸易伙伴国增值税法定税率与其他税制因素同样是非中性的,但作用机制却恰好相反。"贸易伙伴国开征增值税或增值税收入占比提高抑制中国对外贸易"与"贸易伙伴国增值税法定税率提高促进中国对外贸易"这两者看似相互矛盾,其实不然。增值税收入占比提高不等同于增值税法定税率提高,增值税收入不仅受增值税法定税率的影响,还受到增值税税基大小的影响。征收增值税的国家普遍给予文化、教育、医疗等领域的商品大量增值税税收优惠(比如低税率以及增值税税收豁免)以促进相关产业发展,降低低收入人群生活负担,同时为了维持增值税收入、弥补税收优惠政策带来的税收收入损失,这些国家通常采用提高法定税率的方式来从其他商品中获得更多的税收收入。这种资源向非贸易部门倾斜从而导致贸易部门承担更多税负的做法自然会降低贸易伙伴国出口商品的国际竞争力①,从而有利于我国发展对外贸易。"贸易伙伴国人均收入越高,增值税法定税率对中国对外贸易的正向影响越大"的回归结果符合高收入国家福利程度较高和对文化、教育、医疗等商品税收优惠力度大的现实情况。

五、结论

本文利用 1980—2014 年中国与 65 个贸易伙伴国的面板数据,实证分析了中国贸易伙伴国增值税税制与中国对外贸易之间的关系,进而检验增值税是否具有国际贸易中性。研究发现:尽管从税制设计上讲,增值税是一个中性的税种,但在实际经济生活中,由于并不存在"纯粹"的、统一的增值税,加之税种替代的影响,贸易伙伴国增值税税制确实对中国对外贸易产生了影响。具体来说:(1)贸易伙伴国征收增值税或提高增值税收入占税收收入的比重都会对我国对外贸易产生负向影响,并且这种负向影响存在收入水平异质性,即贸易伙伴国人均收入水平越低,这种负向影响就会越大。(2)贸易伙伴国增值税法定税率的提高对中国对外贸易具有显著正向影响,并且贸易伙伴国人均收入水平越高,这种正向影响越大。

本文的研究发现具有如下政策启示:第一,完善增值税抵扣链条,以保证进项税额的全额抵扣,增强税收中性。从税制设计理念上讲,适当减少增值税承担的非税收筹集职能,逐步取消税收优惠政策,减少增值税抵扣链条上的"断点";从征税能力上讲,提高税务机关的业务水平,优化营改增纳税服务,尤其是简化增值税专用发票的代开、

---

① 虽然在出口商品离开关境时增值税可以退还给出口商,但由于现实中增值税税制的运行仍有种种不完善之处,如不及时、不完整的退税等,增值税法定税率的提高难免会提高出口商品价格。

认证和纳税申报程序，从而为完善抵扣链条、降低税负和纳税人遵从成本奠定基础；借助大数据与互联网等现代信息技术，加强各部门与各级机关之间的信息互通互联，为税务机关掌握纳税人经济活动并向其征税提供充足有效的信息。第二，通过扩大征税范围、简并及降低税率的方式优化增值税税制结构，提高增值税收入占税收收入比重。尽管保持低税率不变、提高增值税法定税率是许多国家增加增值税收入的主流做法，但近年来这种趋势开始发生改变。鉴于通过流转税以实现收入再分配的效率并不高，并且带有累退性（即相比于贫穷家庭，富裕家庭会从流转税的各种税收优惠政策中得到更多实惠），越来越多的国家开始通过取消或提高优惠税率、缩小优惠税率适用范围、减少税收免除等扩大增值税税基的方式提高增值税收入。例如，法国取消了部分体育项目的增值税免除税收优惠，将部分农产品移出优惠税率的税目名单；卢森堡将其优惠税率从 12％提高到 14％，最优惠税率从 6％提高到 8％，并将电子书从最优惠税率的税目名单中移除；挪威将运输服务业和娱乐业的优惠税率由 8％提高到10％。① 2017 年 7 月 1 日，我国的增值税税率已由四档改为 17％、11％、6％三档，取消了 13％的税率，但各种各样的税收优惠仍普遍存在。我国增值税税制的调整方向如下：适当降低增值税法定税率；在我国服务业发展到一定程度后，逐步将服务业的增值税税率提高至 11％档（或中间档位）；以 6％的税率（或最低档位）为最优惠税率，并将该最优惠税率的适用范围控制在极小范围内，只对极个别特定项目实施 6％的最优惠税率；将数字产品纳入增值税征收范畴，并提高对数字产品的征税能力；打击偷逃抗骗税行为，减少税基侵蚀和利润转移。

由于篇幅所限，本文只对增值税的国际贸易中性问题进行了初步研究，未来该领域的进一步研究可以考虑以下方向：第一，细分贸易数据，对增值税的国际贸易中性进行行业层面的实证研究；第二，鉴于增值税的国际贸易效应存在异质性，可以选择具有相似特性的国家合并为小组，利用完整的贸易引力模型进行实证研究；第三，利用增值税收入占比值还原完整的增值税税制下的增值税收入，并将该增值税收入与贸易数据进行回归分析，比较与现实数据所得结果的异同，以探究税收优惠等政策对增值税国际贸易中性的影响。

主要参考文献

Bergstrand J H,1989. The generalized gravity equation,monopolistic competition,and

---

① 参见 OECD. Tax Policy Reforms in the OECD 2016. Paris：OECD Publishing，2016.

the factor-proportions theory in international trade. The Review of Economics and Statistics, 71(1): 143-153.

Cheng I H, Wall H J, 2005. Controlling for heterogeneity in gravity models of trade and integration. Federal Reserve Bank of St. Louis Review, 87(1): 49-63.

Dahlby B, 2003. Restructuring the Canadian tax system by changing the mix of direct and indirect taxes//Grubel H G. Tax reform in Canada: our path to greater prosperity. Vancouver: The Fraser Institute: 245.

Desai M A, Hines J R, 2005. Value-Added Taxes and International Trades: The Evidence. Unpublished Manuscript.

Ebrill L, Keen M, Bodin J P, et al., 2001. The Modern VAT. Washington D. C. : International Monetary Fund: 1-223.

Emran M S, Stiglitz J E, 2005. On selective indirect tax reform in developing countries. Journal of Public Economics, 89(2): 599-623.

Feldstein M S, Krugman P R, 1989. International trade effects of value-added taxation. National Bureau of Economic Research: 263-282.

Frenkel J A, Razin A, 1986. Fiscal policies in the world economy. Journal of Political Economy, 94(3): 564-594.

Graetz M J, 2002. 100 million unnecessary returns: a fresh start for the U. S. tax system. Yale Law Journal, 112(2): 261-310.

Grossman G M, 1980. Border tax adjustments: do they distort trade? Journal of International Economics, 10(1): 117-128.

Hamilton B, Whalley J, 1986. Border tax adjustments and U. S. trade. Journal of International Economics, 20(3): 377-383.

Keen M, 2008. VAT, tariffs, and withholding: border taxes and informality in developing countries. Journal of Public Economics, 92(10): 1892-1906.

Keen M, Lockwood B, 2007. The value added tax: its causes and consequences. Journal of Development Economics, 92(2): 138-151.

Keen M, Syed M, 2006. Domestic taxes and international trade: some evidence. International Monetary Fund, 6(47): 1-30.

Linnemann H, 1966. An econometric study of international trade flows. Canadian Journal of Economics and Political Science, 33(4): 633-634.

OECD,2016. Tax policy reforms in the OECD 2016. Paris:OECD Publishing.

Piggott J,Whalley J,2001. VAT base broadening,self supply,and the informal sector. American Economic Review,91(4):1084-1094.

Poyhonen P,1963. A tentative model for the volume of trade between countries. Weltwirtschaftliches Archive,90:93-100.

Tinbergen J,1962. Shaping the world economy:suggestions for an international economic policy. New York:Twentieth Century Fund.

程风雨,2015. 发展中国家增值税存在相对贸易中性吗？——基于非正规经济的视角. 财经论丛,(10):24-31.

邓力平,王智烜,2011. 增值税的贸易效应:理论进展和经验分析. 厦门大学学报（哲学社会科学版）,(2):42-51.

Is VAT Tax Neutral in International Trade?
—An Empirical Analysis Based on VAT Tax System of China's Trading Partner Countries

Abstract: There is a fierce debate in the academia about whether the value-added tax（VAT）has a neutral trade effect. Based on the data of international trade between China and China's 65 trading partners from 1980 to 2014,this paper empirically examines the impact of VAT tax system of trading partners on China's international trade. The study finds that the implementation of VAT tax system in trading partner countries and the increase of the proportion of VAT income in total tax revenue will have a negative impact on China's international trade;moreover, the above negative effects have heterogeneity in income,and the negative impact of VAT tax system in trading partner countries on China's international trade mainly comes from low-income trading partner countries. Our findings provide a new empirical evidence for the academic contending in this field, and also provide scientific basis for optimizing VAT tax system and promoting the development of China's international trade.

Key words:value-added tax;international trade;tax neutrality

中国财税政策对企业 R&D 的影响效应
——基于创业板高新技术企业的实证分析*

◎田 发 谢 凡

摘 要：本文以 2014—2017 年创业板高新技术企业为研究样本，实证分析财税政策对企业 R&D 活动的影响效应。研究表明，税收优惠对企业 R&D 有显著的正向作用，能够有效激励企业增加研发投入；而政府补助的影响效果不显著。进一步研究发现，税收优惠对不同区域企业技术创新的影响存在较大差异，对东、中、西部地区企业 R&D 的激励效果依次递增；政府补助对西部地区高新技术企业的研发投入有一定的激励效应，却难以促进东部和中部地区样本企业的科技创新。相关的改革建议是：兼顾税收优惠与政府补助的平衡性，着重依靠税收优惠扶持；结合地域特点制定有差别的税收优惠和政府补助政策。

关键词：税收优惠；政府补助；研发投入；高新技术企业

一、引 言

创新是引领发展的第一动力，是建设现代化经济体系的战略支撑。中兴事件折射出我国企业加强 R&D 投入、增强企业自主创新的紧迫感与重要性。而由于创新活动本身具有风险性、外部性和不确定性等，单纯依靠市场力量难以有效激发创新主体持续的研发热情，需要政府通过制定合理的财税政策来引导企业的科技创新活动，以服务于国家创新驱动发展战略。现行激励企业科技创新的财税政策主要有税收优惠与

---

* 基金项目：教育部人文社科基金项目"地方政府补贴企业的驱动因素、影响机制和退出路径研究"（16YJC790036）。

田发，上海理工大学管理学院，tianfazai@126.com；谢凡，上海理工大学管理学院。

政府补助两类方式,其政策工具的差异性决定了对企业 R&D 的影响效应各不相同。基于此,通过评估不同财税政策对企业研发投入的影响效果,可为政府部门改进财税政策、更好地服务于企业科技创新提供参考。

国外文献从科技创新的外部性导致企业自主创新动力不足、研发投入低、创新产出少等方面,引申出需要政府给予一定的政策扶持的观点。Arrow(1962)、Spence(1984)认为研发活动的外部性导致私人收益低于社会收益,而政府补贴可以有效弥补市场失灵,促进企业从事更多的 R&D 活动。

那么,财税政策对企业 R&D 究竟产生了怎样的影响呢?在税收优惠政策方面,Dagenais 等(1997)发现加拿大联邦针对 R&D 的税收激励政策效果明显。Bloom 等(2002)发现税收减免在激励企业增加研发投入上随着时间推移效果大大增强,短期研发投入强度增加 1%,而长期强度增加高达 10%。Almus 和 Czarnitzki(2003)以德国东部的部分企业为样本进行研究,结果表明享受 R&D 税收激励的企业更具创新活力。在政府补助政策方面,Lichtenberg(1984)采用一阶差分模型定量研究了政府补助与企业研发投入的关系,结果显示政府直接补贴对企业研发投入有显著的正向作用。在同时运用两种政策工具时,Bérubé 和 Mohnen(2009)以加拿大的 6000 多家企业为样本,使用非参数匹配技术估计方法,发现同时享受政府补助和税收优惠的企业往往能生产出更多新产品。部分学者如 Hall 和 Reenen(1999)将两种政策工具进行比较,以 OECD 主要国家为研究对象,认为相对于政府直接补贴,税收激励能更有效地促进企业科技创新;Hinloopen(1997)将税收和政府补助引入 AJ 经典模型,发现针对企业间的非合作 R&D 活动,政府直接补贴更具优势。

激励科技创新的财税政策的实施效果具有较大的国别差异性,这主要是基于所在国家的经济运行体系、科技发展目标、享受优惠的企业标准与识别、税收优惠的程序安排等各不相同,在借鉴时还需充分考虑到我国的具体国情。

国内相关研究文献重点分布在政策效果、政策本身存在的问题及政策建议三个方面:

一是财税政策对企业研发投入的激励效果。多数学者认为财税政策能够有效促进企业的科技创新活动。陈涛(2016)、陈林峰(2017)认为现行税收优惠政策激励企业技术创新的效果显著。熊维勤(2011)、孙慧和王慧(2017)发现政府补助与研发投入呈显著正相关关系,直接补贴政策有助于扩大 R&D 活动规模。在税收优惠与政府补助的效果对比方面,学者们持有不同的观点。戴晨和刘怡(2008)、郭炬等(2015)认为与政府补助相比,税收优惠政策对企业 R&D 活动的激励效应更加显著,激励对象覆盖面更广,对市场干预程度更小。而郑春美和李佩(2015)、邹洋等(2016)的研究表明,政府补助在政策针对性、反应速度等方面明显强于税收优惠,相对更能激励企业增加研发投入。

二是促进企业 R&D 投入的财税政策存在的问题。张俊瑞等(2016)认为现行高新技术企业所得税优惠政策的施行未与企业创新研发环节挂钩,依靠事后利益的直接让渡对企业创新的引导性较差。彭羽(2016)、赵笛(2017)、胡文龙(2017)提出引导企业科技创新的财税政策缺乏系统性和稳定性,相关政策大多以实施细则或补充规定的形式零散地分布在各单个税种中,难以体现税收法定原则。

三是激励企业 R&D 投入的财税政策改革建议。孔淑红(2010)认为应逐步加大税收优惠的幅度和范围,增强优惠政策的普遍适应性。王俊(2011)主张调整对企业R&D 的资助方式,降低政府对企业 R&D 直接资助比重,逐步转向税收优惠等间接资助方式。郑春美和李佩(2015)建议鼓励企业科技创新的政府补助方式应尽量多样化,以充分实现政府直接补助与市场的相结合。

现有研究主要存在以下几点不足:(1)关于税收优惠和政府补助政策对企业R&D 影响效应的研究结论不一致,存在正、负效应之争,导致对激励企业科技创新投入的财税政策效果产生怀疑,并进而干扰到财税政策的完善。(2)现有文献一般同时使用多个指标共同衡量企业科技创新水平,如企业研发投入、新产品销售收入、新产品销售利润、专利申请数量等,指标相对分散,不利于得出一致性结论,研究方法的科学性和可靠性有待商榷。(3)研究忽视了财税政策对企业技术创新影响的区域差异性。东、中、西各地财税政策的宣传与执行力度不同可能会导致其对企业科技创新的影响存在地域差异。有鉴于此,本文选择 2014—2017 年创业板高新技术企业为研究样本,从税收优惠和政府补助两个角度来实证检验财税政策对企业 R&D 投入的影响效应,并结合企业所处区域进行进一步考察,以洞悉财税政策对企业科技创新投入影响的区域差异性,由此提出激励企业科技创新的财税政策改进路径。

二、财税政策激励企业科技创新的传导机制

为了促进创新型国家建设,鼓励企业进行科技创新,政府出台了一系列税收优惠和政府补助政策,旨在降低企业创新风险和成本,提高预期收益。税收优惠政策对企业科技创新的影响机理主要从协同关系、人力资本、技术差异三个层面来运行,是一种间接优惠方式;而政府补助政策通过发挥对支出总量和支出结构两个方面的调节作

用,成为引导要素流动、优化资源配置的重要工具,是一种直接激励方式。

　　财税政策激励企业科技创新的传导机制如图 1 所示。协同关系是指企业与其他创新主体如创投企业、金融机构、高等院校以及科研院所等之间的关系。善于与其他创新主体建立良好关系的企业更易获得资金、人才和信息等方面的支持,更易取得创新成果。现有税收优惠政策对维护企业协同关系的影响主要集中于企业初创期,具体表现为对提供资金和非货币资产投资的创投企业、金融机构、创业就业平台等给予税收优惠。

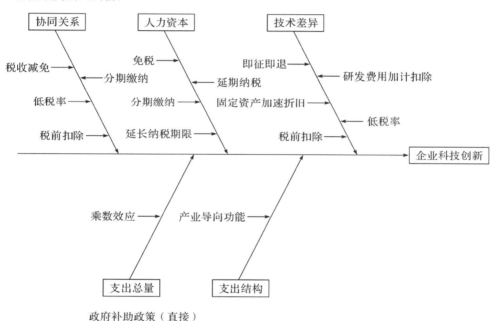

图 1　财税政策激励企业科技创新的传导机制

　　相对于物资资本、劳动力数量的简单增加,人力资本的积累对企业科技创新的贡献度要大得多。通常情况下,人力资本雄厚的企业往往具有更高的运作效率,更具创新潜力和活力。现行税收优惠政策对人力资本的影响主要集中于企业成长期,具体表现在对研发人员的个人所得税优惠方面,旨在帮助企业留住创新人才,鼓励科技人才为企业创新提供长期稳定的智力支持。

　　各个企业因所处区域、行业类型、组织形式、要素禀赋等因素的不同,会存在一定的技术差异。企业间技术差距过大，将导致社会资源配置扭曲，同时也不利于实现公平的收入分配。为了促进企业快速健康成长，营造良好的科技创新税收环境，国家出台了一系列税收优惠政策，旨在不断提升企业转型升级的动力。现行税收优惠政策对技术差异的影响主要集中于企业成熟期，具体表现为对高新技术企业、软件企业、动漫企业以及集成电路企业等的税收优惠。

在支出总量上，政府补助政策具有乘数效应强、政策效果显著的特点。通过对指定事项向企业或个人提供一定数额的补助和津贴，引导企业增加研发投入，从而实现国家特定的经济目标。同时，在支出结构上具有明显的产业政策导向功能。

三、数据来源、变量说明与模型设定

(一)样本选取与数据来源

在创业板上市的高新技术企业是科技创新活动的领头雁和牵头羊，它们往往重视研发、鼓励技术创新，企业内部 R&D 投资动力较强，当政府实施税收优惠和给予补助后，可以有效减轻企业融资约束，从而激励企业增加研发投入。同时，创业板高新技术企业遍布全国各地，又可有效避免样本数据的地域局限性问题。因此本文以 2014—2017 年创业板高新技术企业作为研究对象，为避免信息披露不翔实对研究结果造成的影响，对样本数据做如下处理：(1)剔除研发投入等数据严重缺失的企业；(2)剔除利润总额为负数的企业。依照以上原则，最终选取 102 家高新技术企业 4 年的面板数据，共计 408 个样本点作为最终研究样本。所涉及的数据包括企业科技创新投入信息、当年所获得的税收优惠和政府补助、主要财务指标以及公司治理情况等。样本数据来源于 CCER 数据库、巨潮资讯网以及东方财富网。本文数据处理采用 Stata 14.0 统计软件完成。

(二)变量说明

评估财税政策对企业 R&D 的影响效应，其中企业 R&D 投入是因变量，财税政策是自变量。

1.研发投入。根据已有的研究成果和历史经验，并考虑到数据的可得性及研究价值，选择 2014—2017 年创业板高新技术企业 R&D 经费支出的自然对数($lnR\&D$)作为衡量企业研发投入的指标。

2.税收优惠。税收优惠政策的性质是在普遍课税的基础上对特定对象的税收让渡，是一种间接补贴形式。考虑到科技税收优惠的实际数额难以确定，采用

Warda(1999)的 B 指数①来间接衡量税收优惠政策对高新技术企业 R&D 的实施效果,税收优惠额为各高新技术企业的 $1-B$ 指数与其 R&D 经费投入的乘积,用 $\ln Taxcredits$ 表示。

3.政府补助。政府补助是由财政安排专项基金对指定事项向企业或个人提供的一定数额的财政补助和津贴,是一种直接补贴形式。政府补助数据来源于企业年度报告附注中政府补助明细一栏,反映了国家对高新技术企业的直接资助程度,用 $\ln Subsidy$ 表示。

4.控制变量。选择以下可能影响因素作为控制变量:研发人员数量的自然对数($\ln Technician$)、资产总额的自然对数($\ln Size$)、净资产收益率(Roe)以及资产负债率($Debtratio$)。各变量的具体定义和度量如表 1 所示。

表 1　变量定义及度量

变量类别	变量名称	变量符号	构造方法
因变量	研发投入	$\ln R\&D$	企业 R&D 经费支出的自然对数
自变量	政府补助	$\ln Subsidy$	政府补助的自然对数
	税收优惠	$\ln Taxcredits$	$(1-B)*R\&D$ 的自然对数
控制变量	人力资本	$\ln Technician$	企业 R&D 人员数量的自然对数
	企业规模	$\ln Size$	资产总额的自然对数
	盈利能力	Roe	净资产收益率
	财务风险	$Debtratio$	资产负债率

(三)模型设定

为了衡量激励企业研发投入的财税政策的实施效果,量化财税激励政策与企业科技创新的关系,以 2014—2017 年创业板高新技术企业的面板数据为基础,结合 F 检验和 Hausman 检验结果,最终选择建立固定效应模型对面板数据进行逐步回归。构造的具体模型如下所示:

$$\ln R\&D = C_1 + \beta_1 \ln Technician + \beta_2 \ln Size + \beta_3 Roe + \beta_4 Debtratio + \varepsilon_1 \tag{1}$$

① B 指数反映的是企业每单位 R&D 支出的实际税后成本,B 指数越大,说明企业 R&D 支出的实际税后成本越高,税收优惠力度越小。B 指数计算公式为 $Bindex=(1-A_{dt})/(1-t)$,式中,A_d 表示税前扣除率,t 表示企业所得税税率。

$$\ln R\&D = C_2 + \beta_5 \ln Taxcredits + \beta_6 \ln Technician + \beta_7 \ln Size +$$
$$\beta_8 Roe + \beta_9 Debtratio + \varepsilon_2 \tag{2}$$

$$\ln R\&D = C_3 + \beta_{10} \ln Subsidy + \beta_{11} \ln Technician + \beta_{12} \ln Size +$$
$$\beta_{13} Roe + \beta_{14} Debtratio + \varepsilon_3 \tag{3}$$

$$\ln R\&D = C_4 + \beta_{15} \ln Taxcredits + \beta_{16} \ln Subsidy + \beta_{17} \ln Technician +$$
$$\beta_{18} \ln Size + \beta_{19} Roe + \beta_{20} Debtratio + \varepsilon_4 \tag{4}$$

四、实证结果与讨论

(一)描述性统计分析

表 2 是全样本各个变量的描述性统计结果。企业研发投入的自然对数($\ln R\&D$)均值为 17.643,标准差为 0.836,说明创业板高新技术企业的科技创新投入差距较大且整体水平偏低;税收优惠额的自然对数($\ln Taxcredits$)最小值为 13.243,最大值为 17.475,可见不同企业享受的税收优惠程度存在一定差别;政府补助的自然对数($\ln Subsidy$)均值为 15.847,标准差为 1.141,说明不同企业获得的政府补助金额和程度有差距;研发人员数量的自然对数($\ln Technician$)最大值为 8.754,最小值为 2.708,这表明企业对人力资本的重视和运用存在很大差距;资产总额的自然对数($\ln Size$)均值为 21.409,标准差为 0.793,说明公司规模在样本截面上的差异较大;净资产收益率(Roe)最大值为 0.410,最小值为 0.010;资产负债率($Debtratio$)最大值为 0.770,最小值为 0.036,这表明样本企业的盈利能力和资本结构差距明显。

表 2 各变量的描述性统计

变量	均值	标准差	最小值	最大值
$\ln R\&D$	17.643	0.836	15.893	20.199
$\ln Taxcredits$	14.962	0.806	13.243	17.475
$\ln Subsidy$	15.847	1.141	11.504	19.142
$\ln Technician$	5.328	0.993	2.708	8.754
$\ln Size$	21.409	0.793	19.217	24.544
Roe	0.108	0.066	0.010	0.410
$Debtratio$	0.292	0.154	0.036	0.770

进一步地将样本企业按照所处区域的不同进行分类,统计结果显示,东、中、西地区创业板高新技术企业的平均研发投入的自然对数分别为 17.738、17.328、17.293;税收优惠额的自然对数分别为 15.050、14.677、14.625;政府补贴的自然对数分别为 15.946、15.549、15.410。以上统计结果均呈现出依次递减的趋势。以上数据初步表明,各地企业科技创新投入的差异与税收优惠及政府补助政策相关,同时还受到各地经济发展水平和企业自身条件等因素的影响。

(二)回归分析

1.财税政策对企业 R&D 的影响

税收优惠、政府补助与企业研发投入的回归分析结果如表3所示。其中,模型(1)检验了各控制变量与企业研发投入的关系,模型(2)是在模型(1)的基础上加入税收优惠变量的结果,模型(3)是在模型(1)的基础上加入政府补助变量的结果,模型(4)是在模型(1)的基础上同时加入税收优惠与政府补助变量的结果。

表3 财税政策与企业研发投入的回归结果

变量	$\ln R\&D$			
	(1)	(2)	(3)	(4)
	FE	FE	FE	FE
$\ln Taxcredits$		0.841***		0.839***
		(21.46)		(39.67)
$\ln Subsidy$			0.035	0.008
			(1.60)	(1.10)
$\ln Technician$	0.422***	0.074***	0.415***	0.073***
	(7.25)	(2.88)	(7.02)	(3.49)
$\ln Size$	0.453***	0.069***	0.438***	0.066***
	(8.51)	(3.09)	(8.36)	(3.53)
Roe	0.649**	0.169	0.689**	0.179*
	(2.11)	(1.40)	(2.12)	(1.67)
$Debtratio$	−0.077	−0.002	−0.083	−0.004
	(−0.48)	(−0.03)	(−0.52)	(−0.06)

续表

变量	lnR&D			
	(1)	(2)	(3)	(4)
	FE	FE	FE	FE
Cons	5.654***	3.174***	5.446***	3.130***
	(5.81)	(10.41)	(5.58)	(10.76)
R^2	0.7099	0.9539	0.7132	0.9541
F	105.49***	832.60***	86.62***	1038.85***

注:括号内为 t 统计值;***、** 和 * 分别表示在 1%、5% 和 10% 的显著性水平下显著;FE 表示固定效应模型;该结果由 Stata 14.0 统计软件计算得出。

模型(1)的回归结果显示,企业研发人员数量与 R&D 投入呈现显著正相关关系,回归系数为 0.422 且在 1% 的显著性水平下显著,说明人力资源越充裕的企业往往会有越多的研发费用支出;企业规模对研发投入有显著的正向促进作用,资产总额每增加 1%,企业研发支出将提升 0.453 个百分点,并在 1% 的显著性水平下显著;净资产收益率与 R&D 投入呈显著正相关关系且在 5% 的显著性水平下显著,说明企业盈利能力越高时,内部资金越充裕,用于研发投入的费用支出也将越多;资产负债率对企业研发投入有负向作用,回归系数为 -0.077,这表明企业负债压力越大,资金使用受限越明显,从而将会对 R&D 投入产生负面影响,但在统计上不显著。模型(2)检验了税收优惠与企业研发投入的关系,回归结果表明税收优惠与企业 R&D 投入呈现显著正相关关系,税收优惠每增加 1%,企业研发费用支出将提高 0.841%,且在 1% 的显著性水平下显著,即税收优惠政策可有效地激励创业板高新技术企业增加科技创新投入。模型(3)检验了政府补助与企业研发投入的关系,结果显示政府补助对 R&D 投入的影响效果虽然也是正面的,但没有通过显著性检验。这表明当企业所获得的政府补助数额发生变化时,样本企业的研发费用支出并无明显变化,即直接资助对创业板高新技术企业研发投入的影响效应存在一定的不确定性。这与理论分析相违背,可能的解释是,一方面政府补助的获取一般存在较多限制,并非所有企业都有机会获得,那么未得到政府补助的企业可能会放弃属于政府资助领域的研发活动,从而间接产生对 R&D 支出的挤出效应;另一方面政府补助作为一种事前激励模式,其资助数额往往在 R&D 活动投入之前就已经确定,抑制了企业的研发热情,以至于有些企业缺乏科技创新的原生动力。如果将税收优惠和政府补助结合起来考虑的话,则两者对企业创新投入呈复合性影响[见模型(4)]。从绝对弹性系数看,税收优惠每增加 10%,企业创新投入将提升 8.39%,且在 1%的显著性水平下显著,而政府补助每增加 10%,企业创新投入仅提升 0.08%,且没有通过显著性检验,相比之下,税收优惠政策起主要作用。从标准化弹性系数看,税收优惠和政府补助的创新效应分别为 0.809 和 0.011,相比之下也是税收优惠的鼓励效应更加明显。可见,税收优惠对企业 R&D 有显著的正向作用,能够有效激励企业增加研发投入,而政府补助的影响效果不显著。

2.财税政策对企业 R&D 影响的进一步考察

将样本企业按照所在地区的不同分为东、中、西三类,重点考察区位因素对财税政策实施效果的影响。先通过 LM 检验确认建立混合回归模型还是随机效应模型,然后通过 Hausman 检验确定使用固定效应还是随机效应模型。经 LM 检验,发现东部地区 chibar2(01)=46.82,Prob>chibar2=0.0000,中部地区 chibar2(01)=13.70,Prob>chibar2=0.0001,即认为在混合回归与随机效应二者之间,应该选择随机效应模型;西部地区 chibar2(01)=0.00,Prob>chibar2=1.0000,接受"不存在个体随机效应"的原假设,即认为在混合回归和随机效应二者之间,应该选择混合回归模型。经 Hausman 检验,发现东部地区 chi2(7)=33.10,Prob>chi2=0.0000,即认为应该使用固定效应模型,而非随机效应模型;中部地区 chi2(7)=9.37,Prob>chi2=0.2272,即认为应该使用随机效应模型。

由表 4 可知,在东部地区固定效应模型中,税收优惠对企业 R&D 支出的回归系数为 0.803,且在 1%的显著性水平下显著,说明税收优惠额每增加 1%,企业研发投入将增加 0.803%;政府对企业的直接补贴未能通过 t 检验,因此不能认为其对因变量的影响是显著的,即政府补助对激励企业 R&D 活动的效果不明显。在中部地区随机效应模型中,税收优惠对企业科技创新投入的回归系数为 0.821,且在 1%的显著性水平下显著;而政府补助对企业 R&D 支出的回归系数为 0.024,没有通过显著性检验。西部地区混合回归模型结果表明,税收优惠额每增加 1%,样本企业研发投入将提升 0.929%,且在 1%的显著性水平下显著,这就证明了税收优惠政策的实施对激励企业 R&D 活动的确具有显著的正向影响;政府补助对研发投入的回归系数为 0.059,在 10%的显著性水平下显著,说明政府直接资助可以激励西部地区高新技术企业增加科技创新投入。

以上分析表明,税收优惠政策激励企业增加科技创新投入的效果在东、中、西部地区都很显著,并且政策效应依次呈递增的趋势。这反映出在经济发达程度较高的地区可能存在一些抵消税收优惠对企业 R&D 影响的因素,同时也表明近年来加大对中、西部地区的扶持力度的举措取得了一定的预期效果。政府补助对西部地区样本企业的研发投入有一定的正向作用,而对东、中部地区的高新技术企业的研发投入均没有产生明显影响。可能的解释是,政府补贴数额基本上是事前确定的,对企业而言相当于一笔既定收入,与企业研发实际投入金额没有必然相关性,即政府给予企业的补助不会随研发投入的增加而增加,这无疑会挫伤企业的研发热情。东、中部地区的企业因优越的资源条件和竞争优势往往本身就会有更多的 R&D 投入,且随着 R&D 费用支出的增加,来源于政府的直接资助占比会逐步下降,导致政府补助对企业研发投入的影响越来越小。

表 4   区位因素、财税政策与企业研发投入的回归结果

| 变量 | $\ln R\&D$ | | | | | |
| | 东部地区 | | 中部地区 | | 西部地区 | |
	FE	RE	FE	RE	RE	OLS
$\ln Taxcredits$	0.803***	0.899***	0.821***	0.821***	0.929***	0.929***
	(31.20)	(45.19)	(10.79)	(13.77)	(5.36)	(4.60)
$\ln Subsidy$	0.013	0.021***	0.012	0.024	0.059	0.059*
	(1.42)	(2.65)	(0.47)	(1.09)	(1.28)	(2.14)
$\ln Technician$	0.095***	0.071***	−0.008	0.115**	0.272**	0.272***
	(3.92)	(5.37)	(−0.08)	(2.28)	(2.36)	(6.92)
$\ln Size$	0.077***	0.035**	0.173**	0.071	0.019	0.019
	(3.51)	(2.32)	(2.37)	(1.45)	(0.15)	(0.12)
Roe	0.264**	0.152	0.174	0.237	1.292	1.292
	(2.12)	(1.45)	(0.35)	(0.55)	(1.01)	(1.34)
$Debtratio$	−0.031	−0.028	0.003	−0.011	−0.180	−0.180
	(−0.40)	(−0.50)	(0.02)	(−0.07)	(−0.46)	(−0.48)
$Cons$	3.245***	2.730***	1.452	2.828***	1.136	1.136
	(9.23)	(11.66)	(1.28)	(3.10)	(0.56)	(0.92)

变量	lnR&D					
	东部地区		中部地区		西部地区	
	FE	RE	FE	RE	RE	OLS
$Sigma\_u$	0.11	0.07	0.20	0.13	0	—
$Sigma\_e$	0.09	0.09	0.12	0.12	0.14	—
rho	0.61	0.37	0.74	0.53	0	—

注:括号内为 t 统计值或 z 统计值;***、** 和 * 分别表示在 1%、5% 和 10% 的显著性水平下显著;FE、RE、OLS 分别表示固定效应模型、随机效应模型和混合回归模型;该结果由 Stata 14.0 统计软件计算得出。

五、主要结论与政策建议

本文以 2014—2017 年我国创业板高新技术企业的数据为研究样本,考察了税收优惠与政府补助政策对企业 R&D 的影响效应。研究表明税收优惠对企业科技创新有显著的正向作用,能够有效激励企业增加研发投入;而政府补助对企业 R&D 活动的促进效果不明显。进一步研究发现,税收优惠对不同区域企业技术创新的影响存在较大差异,对东、中、西部地区企业 R&D 的激励效果依次递增;政府补助对西部地区高新技术企业的研发投入有一定的激励效应,却难以推动东部和中部地区样本企业的科技创新。据此,激励企业 R&D 的财税政策改革建议有:

1.兼顾税收优惠与政府补助的平衡性,着重依靠税收优惠扶持

税收优惠对于企业 R&D 的促进作用大于政府补助,但这并不意味着高新技术企业在研发活动中可以仅依靠税收优惠而放弃政府补助。首先,要兼顾税收优惠与政府补助的平衡性。税收优惠是间接的事后激励方式,对所有从事研发活动的企业进行激励,覆盖面广,具有公平、透明、非歧视的特点,同时又可减少对企业的直接干预,增强企业自主研发动能。政府补助是直接的事前激励方式,具有政策针对性强、反应速度灵敏的特点,对国家选定的特定研发领域和项目来说尤为重要。只有当这两种政策工具同时具备、互相作用时,企业科技创新能力的增强才会更加显著。其次,要侧重于税收优惠对企业 R&D 的促进作用。税收优惠作为一种"绿箱补贴"的间接优惠方式,主要通过市场配置资源,可有效减少政府对市场的直接干预,避免了旨在纠正市场失灵

的补贴政策可能产生的新的政府失灵。

2. 结合地域特点制定有差别的税收优惠和政府补助政策

具体来看,东部地区的创业板高新技术企业凭借优越的地理位置、便利的交通条件和雄厚的经济基础,应积极发展国际贸易、电子商务、现代物流业、金融服务业等;中、西部地区可以发展旅游业、现代农业以及节能环保产业等。政府应针对不同领域分别制定不同的财税政策,以发挥各地在科技创新上的比较优势,形成有特色的创新产业集群。东部地区高新技术企业的财税政策应以税收优惠方式为主,尽量减少对市场的直接干预;对中、西部地区企业采取 R&D 政府补助政策为主的财税政策,同时加大税收支持力度,为其提供充足的资金及人力支持,从而更有效地激励企业科技创新。

主要参考文献

[1] Almus M,Czarnitzki D,2003. The effects of public R&D subsidies on firms' innovation activities:the case of eastern Germany. Journal of Business & Economic Statistics,21(2):226-236.

[2] Arrow K J,1962. Economic welfare and the allocation of resources for invention. UK:Macmillan Education:609-626.

[3] Bérubé C,Mohnen P,2009. Are firms that receive R&D subsidies more innovative. Canadian Journal of Economics,42(1):206-225.

[4] Bloom N,Griffith R,Reenen J V,2002. Do R&D tax credits work? Evidence from a panel of countries 1979-1997. Journal of Public Economics,85(1):1-31.

[5] Dagenais M,Mohnen P,Therrien P,1997. Do Canadian firms respond to fiscal incentives to research and development. Greqam,14(3):374-386.

[6] Hall B,Reenen J V,1999. How effective are fiscal incentives for R&D? A new review of the evidence. Research Policy,29(4):449-469.

[7] Hinloopen J,1997. More on subsidizing cooperative and noncooperative R&D in duopoly with spillovers. Journal of Economics,66(2):151-175.

[8] Lichtenberg F,1984. The relationship between federal contract R&D and company R&D. American Economic Review,74(2):73-78.

[9] Spence M,1984. Cost reduction,competition,and industry performance. Econometrica,52(1):101-121.

[10] 陈林峰,2017. 我国现行激励企业技术创新税收政策评析. 税务研究,(3):

38-42.

　　［11］陈涛,2016.中关村自主创新税收优惠政策效应分析.税务研究,(6):102-106.

　　［12］戴晨,刘怡,2008.税收优惠与财政补贴对企业 R&D 影响的比较分析.经济科学,30(3):58-71.

　　［13］郭炬,叶阿忠,陈泓,2015.是财政补贴还是税收优惠?——政府政策对技术创新的影响.科技管理研究,(17):25-31.

　　［14］胡文龙,2017.当前我国创新激励税收优惠政策存在问题及对策.中国流通经济,(9):100-108.

　　［15］孔淑红,2010.税收优惠对科技创新促进作用的实证分析——基于省际面板数据的经验分析.科技进步与对策,27(24):32-36.

　　［16］彭羽,2016.支持科技创新的税收政策研究.科学管理研究,(5):94-97.

　　［17］孙慧,王慧,2017.政府补贴、研发投入与企业创新绩效——基于创业板高新技术企业的实证研究.科技管理研究,37(12):111-116.

　　［18］王俊,2011.我国政府 R&D 税收优惠强度的测算及影响效应检验.科研管理,(9):157-164.

　　［19］熊维勤,2011.税收和补贴政策对 R&D 效率和规模的影响——理论与实证研究[J].科学学研究,29(5):698-706.

　　［20］张俊瑞,陈怡欣,汪方军,2016.所得税优惠政策对企业创新效率影响评价研究.科研管理,37(3):93-100.

　　［21］赵笛,2017.促进企业创新发展的税收优惠政策研究.税务研究,(7):112-115.

　　［22］郑春美,李佩,2015.政府补助与税收优惠对企业创新绩效的影响——基于创业板高新技术企业的实证研究.科技进步与对策,(16):83-87.

　　［23］邹洋,聂明明,郭玲,等,2016.财税政策对企业研发投入的影响分析.税务研究,(8):42-46.

The Effect of Chinese Finance and Taxation Policies on Enterprises' R&D Performance

—An Empirical Analysis

Abstract：Based on the data of high-tech enterprises from 2014 to 2017, the paper makes an empirical analysis on the effect of the government subsidy and tax preferential policy on the stimulating scientific and technological innovation in enterprises. The major findings are as follows: tax preference stimulates corporate R&D investment, while government subsidy cannot improve high-tech firms' innovation efficiency significantly. Moreover, a further analysis suggests that incentive effects of policies are more significant in western China. Thus, it suggests making a reform on the current policies to adjust the government subsidy and tax preference to accommodate the different regions, and to make adjustments on the way of R&D funding, and gradually expand the scope of tax preference for enterprises in order to reduce the corporation of direct funding by government.

Key words: tax preference; government subsidy; R&D investment; high-tech enterprises

地方政府举债空间：概念、测算与影响因素[*]

◎庄佳强

摘　要：本文将举债空间界定为在维持地方政府财政可持续性和地区经济稳定性的前提下，地方政府根据其所面临的约束条件，能够承担的地方政府债务规模。基于这一概念，本文采用基准分析法，横向比较了我国省级地方政府的相对举债空间差异。证实我国地区间地方政府举债空间呈分化趋势，部分省份相对举债空间不足，并且随着地方政府债务限额管理的实施而进一步固化。在此基础上，本文实证检验证实我国的地方政府债务存在公共池现象，地方政府存在超过其举债空间发债的激励，而债务限额管理进一步削弱了地方政府发债行为与其自身举债空间之间的相关性。根据上述研究结论，本文从地方政府举债空间的测算方式、指标设定和事后监管三个方面提出落实举债空间应用的政策建议，以优化地方政府债务管理。

关键词：地方政府债务；举债空间；债务管理

为加强地方政府性债务管理，规范政府举债行为，我国于 2014 年发布了《国务院关于加强地方政府性债务管理的意见》，通过建立"借、用、还"相统一的地方政府性债务管理机制，推动地方政府债务管理的规范化，以硬化约束的形式来防范地方政府的过度举债行为。从 2015 年开始，我国将三年内到期的存量债务置换为低利率的地方政府债券，通过以时间换空间的方式降低地方政府短期存量债务压力。同时对新增债务实施限额管理，以控制债务增速。上述举措在一定程度上防止了地方政府债务风险的扩散。但地方政府对于债务融资的需求仍持续存在，准确判断地方政府合理债务规模和可能的举债空间对于保障地方经济发展和财政可持续至关重要。

---

　　* 基金项目：国家社会科学基金一般项目"区域异质性下中国县级政府偿债能力与举债空间测算研究"（项目编号 16BJY153）。

　　庄佳强，中南财经政法大学财政税务学院，zjq981469@163.com。

在对我国地方政府债务适度规模的分析中,研究基于地方政府偿债能力的视角进行考察。刘尚希等(2012)通过指标体系量化我国地方政府的债务压力来测算地方政府偿债能力,郭玉清等(2015)通过分析我国省际政府偿债能力的影响因素及其渠道,对省级地方政府的偿债能力进行时空双维比较,或者通过将地方政府的债务规模与地方的经济和财政能力相比较做出判断。这类研究采用的方法包括债务预警指标法(Ma,2003),地方政府债务可持续性框架分析法(缪小林等,2014),地方政府债务的违约概率推断法(徐占东等,2015;李腊生等,2013),包含地方政府财政目标和债务风险控制的多任务非线性规划法(梅建明等,2015),基于需求偏好的债务绩效评估法(洪源等,2015)等。

上述研究从多个层面对地方政府性债务进行了分析和比较,得到了较为丰富的研究结论。但是受数据可及性的约束,上述研究在解释变量的选择上往往采取地方政府性债务、城投债务等指标,未能集中分析地方政府债务这一核心指标。另一方面,上述方法更多地从债务负担的角度展开考察,欠缺从举债空间视角进行分析的研究。

本文基于地方政府举债空间的分析视角,利用 2010 年以来的地方政府债务数据,采用基准分析法和回归分析法,在对我国地方政府债务风险特征进行定性评估的基础上,对地方政府举债空间的影响因素进行考察。本文的研究证实,首先,地区间地方政府举债空间出现明显分化,在政府债务限额管理后,部分地区的相对举债空间进一步缩小。如下文表 4 所示,债务率越高的地区,其财政对债务的支持能力相对越弱;若这类地区的存量债务化解乏力,相较于其他地区而言,其相对举债力度也会上升。在两个因素共同作用下,这类地区的相对举债空间变窄,而债务率和举债力度较低的地区,其相对举债空间就较丰裕。这一地区间举债空间的相对差异实际上也隐含着各地间的地方政府债务风险出现进一步分化的趋势,地方政府债务统一管理的难度在上升。其次,实证研究表明地方政府举债空间与地区经济发展水平和政府财力水平高度相关。经济发展水平较低和债务余额积累较大的省份,举债空间就较小。政府财力较低的省份,举债融资的意愿更强,但是面临的举债空间约束也较强。最后,基于本文样本期的经验研究无法拒绝我国地方政府债务的公共池效应,举债融资活动受本地区人口规模与结构因素的影响不显著,地方政府存在无视本地区举债空间进行过度举债的激励行为。而政府债务限额管理进一步弱化了本地区举债空间对地方政府举债行为的影响,降低了债务积极效应的发挥。

本文以下部分安排如下:第一部分为概念界定,重点阐述了地方政府举债空间的概念和测算方法;第二部分采用基准分析法对我国省级地方政府债务进行横向比较,评估地方政府债务相对举债空间的异化特征;第三部分对影响地方政府举债行为的因素进行实证检验,分析举债空间对地方政府借债行为的影响;第四部分为本文的结论和政策建议。

一、举债空间的界定和测算方法

本文将地方政府的举债空间定义为,给定地区当期政府的债务余额和法律约束,在不损害地方政府财政可持续性和地区经济稳定性的前提下,根据对本地区经济和财政状况发展趋势的预测,该地方政府能够额外举借的债务数额。举债空间的核心内涵是地方政府的竞争能力不会由于债务增加带来的偿债压力上升而减弱,当期和未来的本地区居民也不会因为地方政府债务的偿还而承担额外的税收负担。

从界定上看,举债空间和反映地方政府债务承受能力的债务负担是两个既有联系又有区别的概念,两者都能衡量地方政府的借款能力或者处置债务的能力。但是举债空间更具动态特征,强调债务规模的上升相对于经济总量增长的程度,着重探讨地方政府所获得的财政收入增加是否能够满足债务偿还的需要,而债务负担则更多强调"与偿债相关的负担"(Hildreth et al.,2005)。

相应地,举债空间也并不必然等于地方政府的适度债务规模,前者仅用于界定在财政可持续条件下举债的上限,并不意味着地方政府就需要去举借这么多债务(Ghosh et al.,2013),由此,地方政府的举债空间也可视为在当前条件下地方政府债务限额的最大值。

另一个与举债空间相关的定义是财政空间。Heller(2005)将财政空间定义为:在不损害政府财政状况的可持续性或者经济稳定性的条件下,政府预算编制中所包括的,为实现其政策目的所能利用的全部财政资源。从范围上来说,财政空间是一个比举债空间更为广义的政府资源概念。

从测算上来看,举债空间可通过当前债务规模与导致债务失序的临界值之间的距离来判定。在该临界值以上,地方政府的财政收入将无法满足不断增加的债务还本付息要求,债务规模持续上升,负债率被迫无限制地增加,从而产生债务失序的情况。由此,如何识别临界值,成为测算举债空间的关键。

一类研究利用一国或地区曾经发生的地方政府救助事件或财政调整事件来识别临界点。如Ostry等(2011)将举债空间定义为当期债务规模与该地区历史上进行财政调整时达到的最高债务限额之差。给定这类事件的发生频率较低,这一方法减少了可分析的样本规模,降低了分析结论的可信性和普遍性。

另一类研究则根据地方政府的财政收入进行预测,一般采用相对值或比率作为测算指标。或者比较债务与未来财政能力之间的关系,以衡量地方政府能够还本付息的程度,进而判定是否有足够多的财政收入用于还债。或者测算债务与可用于还债的实际资源之间的比率,检验在未来不影响预算支出安排的情况下能够用于偿债的资源。Aizenman 和 Jinjarak(2010)通过将政府债务与该地区以往的平均税收收入相比较,提出事实财政空间的概念,并将其作为对各地区债务水平的评判依据。

具体测算方式主要包括债务限额法、基准分析法和回归分析法三种。债务限额法通过将地方政府的债务规模与某一个或某一组特定的指标进行比较,以反映该地区债务水平在样本期内的变化情况,估算地方政府的举债空间。庄佳强(2015)采用债务限额法对我国地方政府举债空间的测算进行了探索。债务限额法的优点是简单、直观。但其不足也比较明显:单一年份的静态指标无法进行纵向比较和时序分析,包含的信息有限,未充分考虑未来财政收入发生变动的情况。

基准分析法则采用一个共同标准,通过地区间的横向比较,对债务状况进行直观评估,判定地方政府的举债空间,给出地区间的差异化应对举措。美国政府财政官员协会(GFOA)就建议将基准分析法作为美国各级地方政府举债空间测算的指导性方法。该方法将举债空间的测算划分为八步,包括定义研究目标、收集数据、构建指标、确定可比较的基准组、比较关键指标、举债空间场景预测、确定债务持平年度、修正测算的举债空间(Miranda 和 Picur,2000)。Brecher 等(2003)在该方法的基础上进行改进,采用四步法来测算地方政府举债空间。必须认识到的是,采用基准分析法测算的各地区举债空间更多的是给出各地方政府的相对排序,分析结论也以定性为主。

回归分析法则通过计量模型分析地方政府举债空间的影响因素。根据估计结果,结合模型中每个解释变量的预测值,以获得各地区举债空间的预测值。这一方法所包含的分析因素较为全面,得到的结论也较前述两种方法更为准确。但是其无法避免无条件预测方法自身存在的缺陷,预测结果也会根据解释变量的调整或样本期的变化而出现波动。

二、地方政府举债空间的定性评估

本文根据我国地方政府债务数据可及性,采用基准分析法和回归分析法,评估和测算我国省际地方政府的举债空间。在基准分析中,本文结合我国地方政府债务管理实践,修正了 Brecher 等(2003)提出的测算步骤,通过估计相关债务规模、考察债务占财政收入的比重,进行基准比较以确认预警区间,给出地方政府举债空间的定性评估。

(一)地方政府债务规模与负担分析

按照基准分析法,第一步是确认地方政府债务的规模。并不是所有的地方政府性债务都与地方政府的负担能力相关。首先,偿还期在一年以内的短期债务不应包括在未来举债空间的测算中。这类债务在短期内可能会对地方政府产生一定的负面影响,但地方政府的未来举债空间并不会受其影响。

其次,无需由地方政府财政收入偿还的长期政府性债务也不应该包含在长期债务中。以融资平台公司的债务为例,其中具有确定收入来源的融资平台债务主要利用融资平台自身收益偿还,地方政府仅在特定项目存在收益短缺的情况下,对上述债务承担一定的救助责任和担保义务等道义上的责任。这类或有债务的责任一旦明确,金融机构和投资者在提供上述债务所需资金时,往往会要求项目提供较多的担保来覆盖其可能的风险,真正出现债务违约的概率相对较低。综上,只有地方政府负责偿还的长期债务才能用于确定地方政府未来的举债空间。

在地方政府长期债务的确认上,以截止到 2014 年底的各省级地方政府债务余额为依据。我国在 2015 年至 2017 年间对当年到期的地方政府债务全部进行了置换,因此分别将 2014 年底和 2017 年底各省级地方政府债务余额作为分析的长期债务[①]。本文在分析地方政府债务时,仅考虑统计口径中被界定为地方政府负有偿还责任的债务[②]。

本文首先采用地方政府债务余额、人均地方政府债务负担、负债率(地方政府债务余额占地区生产总值的比重)这三个指标来对各省级地方政府债务情况进行分析。从

---

① 需要注意的是,除了长期债务外,地方政府仍需要承担的债务负担包括社保支出,一旦出现社保基金入不敷出的情况,政府必须承担相应的支出责任,从而增加其偿债负担。自 2013 年开始,在剔除财政补贴因素后,我国企业职工基本养老保险基金连续三年出现收不抵支的情况,并且"亏空"金额不断加大,从 2013 年的 959 亿元跃增到 2015 年的 3024.87 亿元,增加了 300% 以上。因此,在考虑地方政府的整体债务负担和举债空间时,需要密切关注养老金作为隐性债务可能产生的影响。

② 这一负有偿还责任的债务包括地方政府部门和机构、全额拨款事业单位、经费补助事业单位、公用事业单位、融资平台公司和其他相关单位举借,确定由财政资金偿还,政府负有直接偿债责任的债务。实际上,在计算综合债务率时,各省份均将一定比例的或有债务纳入其中,限于数据可及性,本文未对此进行调整,因此会低估地方政府长期债务规模。

总体情况来看,2017 年地方政府债务余额为 165060 亿元①,人均地方政府债务余额为 11874 万元,负债率为 19.96%,地方政府债务率为 89.20%。从时序变动来看,2012 年到 2017 年间地方政府债务余额年均增幅为 12.05%,其中 2012—2014 年间年均增速为 26.71%,而 2015 年后这一增速降至 2.28%。这一时期的负债率和债务率均出现了倒"U"形变化。负债率提高了 3.24%,其中 2012—2014 年上升了 7.18%,2015—2017 年下降了 3.95%。债务率提高了 17.65%,2015 年达到最高值 91.13%,此后回落到 2017 年的 84.38%。这一变化表明地方政府债务限额管理在一定程度上起到了控制地方政府债务的作用②。

从结构上比较,各地区间政府债务差异较大,并且在实行债务限额管理后,这一差异更为显著。表 1 给出了各省份前述债务指标和债务负担在债务限额管理前后的变化情况。从债务余额变化率来看,债务限额管理大幅减小了各地新增债务规模,绝大多数省份的债务增速均从两位数下降为个位数。北京和上海在 2014 年之后地方政府债务余额出现了下降情况,降幅分别达到 21.5% 和 7.1%,两市 2017 年的地方政府债务余额均低于 2012 年的规模。此外,贵州省在 2014 年后对新增债务加强了控制,2017 年末的债务规模略低于 2014 年的水平。其余省份的地方政府债务余额在这一时期则仍呈现增长趋势。剔除北京和上海两市后,其余省份地方政府债务限额管理前后的年均债务增幅相关系数为-0.42,这表明在对地方政府债务实行限额管理后,对前期地方政府债务增速较快省份的新增债务进行了更严格的约束。

表 1 我国地方政府债务余额与债务负担情况(2012—2017 年)

省份/地区	地方政府债务余额			人均地方政府债务负担			负债率		
	2017 年/亿元	变动率/% 2012—2014 年	变动率/% 2014—2017 年	2017 年/元	变动率/% 2012—2014 年	变动率/% 2014—2017 年	2017 年/%	变动率/% 2012—2014 年	变动率/% 2014—2017 年
北京	3876.88	10.6	-21.5	17857.58	1.3	-16.9	13.8	-1.8	-5.4
天津	3423.98	7.0	10.5	21990.88	3.5	9.6	18.5	-0.5	0.9

① 财政部 2017 年全国财政决算(http://yss.mof.gov.cn/qgczjs/index.html)。
② 需要指出的是,这并不意味着地方政府的资金需求在减少,同期地方政府隐性债务规模大幅度增加。此外,2018 年地方政府债务增速回弹,截至 2018 年 11 月,我国地方政府债务余额为 182903 亿元,较去年同期增长了 10.22%。

省份/地区	地方政府债务余额			人均地方政府债务负担			负债率		
	2017 年/亿元	变动率/% 2012—2014 年	变动率/% 2014—2017 年	2017 年/元	变动率/% 2012—2014 年	变动率/% 2014—2017 年	2017 年/%	变动率/% 2012—2014 年	变动率/% 2014—2017 年
河北	6150.97	20.2	3.9	8179.48	19.6	3.2	18.1	2.4	−0.2
山西	2578.56	15.2	12.0	6965.32	18.8	8.8	16.6	2.2	0.4
内蒙古	6217.37	28.9	4.2	24584.30	28.6	3.9	38.6	5.7	2.6
辽宁	8455.24	13.5	7.5	19352.80	28.2	−2.1	36.1	5.5	1.5
吉林	3193.27	4.9	3.9	11752.93	2.3	6.1	21.4	−1.0	0.6
黑龙江	3454.57	21.2	7.0	9117.37	21.2	7.4	21.7	2.6	1.0
上海	4694.18	5.7	−7.1	19413.48	4.8	−7.0	15.3	−0.5	−3.1
江苏	12026.28	24.5	4.1	14978.55	24.2	3.8	14.0	2.1	−0.8
浙江	9239.09	20.1	2.0	16332.14	19.8	1.1	17.8	2.4	−1.3
安徽	5823.36	35.9	3.4	9309.93	35.1	2.5	21.6	5.2	−1.2
福建	5462.76	38.3	3.8	13967.68	37.5	2.9	17.0	4.4	−1.1
江西	4269.08	25.1	4.9	9236.43	24.7	4.4	21.3	3.1	−0.7
山东	10196.85	33.4	3.2	10190.74	32.9	2.5	14.0	3.0	−0.5
河南	5548.47	28.9	1.3	5804.45	28.8	0.8	12.5	2.6	−0.9
湖北	5715.53	2.0	8.4	9684.06	1.7	7.9	16.1	−1.5	0.0
湖南	7667.49	34.3	6.7	11177.10	33.5	6.1	22.6	4.5	−0.2
广东	9023.37	14.8	0.8	8078.94	14.2	−0.6	10.1	0.8	−1.0
广西	4836.8	39.5	4.0	9901.33	38.7	3.1	26.1	6.2	−0.4
海南	1719.26	18.3	8.8	18566.52	17.4	7.9	38.5	2.8	0.3
重庆	4018.5	−0.7	7.1	13068.29	−1.4	6.1	20.7	−3.0	−0.7
四川	8496.92	15.1	4.2	10234.79	14.7	3.6	23.0	1.5	−1.1
贵州	8607.16	52.0	−0.6	24042.35	51.6	−1.3	63.6	24.7	−10.4
云南	6724.52	27.0	3.8	14006.50	26.4	3.1	41.1	6.5	−1.9

续表

省份/地区	地方政府债务余额			人均地方政府债务负担			负债率		
	2017年/亿元	变动率/% 2012—2014年	变动率/% 2014—2017年	2017年/元	变动率/% 2012—2014年	变动率/% 2014—2017年	2017年/%	变动率/% 2012—2014年	变动率/% 2014—2017年
陕西	5395.43	35.0	3.6	14068.92	34.8	3.1	24.6	5.4	−0.9
甘肃	2068.6	24.9	9.6	7877.38	24.6	9.2	27.7	3.0	1.7
青海	1512.57	26.3	8.3	25293.81	25.4	7.4	57.6	7.2	2.1
宁夏	1226.26	39.0	7.5	17980.35	37.9	6.5	35.6	8.2	0.0
新疆	3377.84	30.8	8.0	13815.30	29.4	5.9	31.0	4.8	0.8
东部地区	6581.36	19.3	0.8	15419.27	15.2	1.7	17.7	1.5	−1.2
中部地区	5267.08	23.6	6.1	10806.89	29.8	2.4	18.4	2.7	−0.4
西部地区	4771.09	28.9	5.4	12791.47	23.3	4.4	35.4	6.4	−0.7
东北地区	5034.36	13.2	6.2	19029.82	30.9	6.6	26.4	2.4	1.0

注：人均地方政府债务负担＝地方政府债务余额/地区常住人口；负债率＝人均债务余额/人均地区生产总值；变动率为年均值。东部、中部、西部和东北地区根据国家统计局《统计上划分城乡的规定》划分。地方政府债务余额和人均地方政府债务余额变动率为年均增（减）幅。负债率变动率为年均负债率变化值。

数据来源：2012年和2014年的地方政府债务余额、一般公共预算收入、政府性基金收入数据取自各省份审计厅公告、各省份公开发行债券信息披露文件，各省份报告的2014年度地方政府债务余额数据，与财政部网站公布的各地区2014年度地方政府债务限额数据有差别。2012年、2014年各地区税收返还和转移支付收入来自《中国财政年鉴2013》和《中国财政年鉴2015》，2017年各地区税收返还和转移支付收入来自财政部网站《2017年中央对地方税收返还和转移支付分地区决算表》。2017年的地方政府债务余额和相关财政收入数据取自财政部预算司2017全国财政决算网页。地区生产总值数据取自不同年份《中国统计年鉴》。

从债务规模的整体变动来看，2012—2017年间，有12个省份的债务增幅超过100%，其中贵州和宁夏的增幅分别达到177%和174%。从绝对值来看，各省份地方政府债务规模差异较大，宁夏最低，仅为1226.26亿元，过万亿的省份分别为江苏的12026.28亿元和山东的10196.85亿元。分区域来看，东部、中部、东北和西部地区平均债务规模依次递减。

但是地方政府债务规模并不等同于地方政府债务负担,各省份的地区、经济、人口规模均不相同,需要采用更具可比性的相对指标来对地区间的地方政府债务进行横向比较。人均地方政府债务余额能够反映地区常住人口所负担的本地区地方政府债务水平,可视为衡量各地债务负担的一个相对指标①。2017 年全国人均地方政府债务余额为 13894 元,在这一时期,各省份常住人口规模变化不大,人均债务余额的变动趋势与地方政府债务总规模的变化较为一致。

从人均债务负担来看,地方政府债务规模最高的地区未必是人均债务负担最重的省份,比如:江苏省 2017 年的地方政府债务余额为全国最高,但是其人均地方政府债务余额为 14979 元,较全国平均水平略高;青海省 2017 年的债务余额仅为 1500 亿元,但人均债务负担达到 25294 元,为全国最高。分地区来看,西部地区虽然平均债务规模最低,但是人均债务负担是所有地区中最高的,达到 1.6 万元;而中部地区的人均债务余额负担仅为西部地区的一半左右。

与人口规模所衡量的债务负担不同,负债率可以比较不同经济发展水平下的地区间债务负担差异。2017 年债务负担最高的省份为贵州省,负债率达到 63.6%,债务负担较轻的广东省仅为 10.1%。地区间负债率差异呈现分化,2017 年西部地区地方政府债务负债率均值为 36.4%,是东部地区地方政府债务负债率(17.7%)的 2 倍,中部地区较东部地区略高,为 18.4%。东北三省的负债率均值为 26.4%,介于中、西部地区之间。

但地区间负债率的变化特征在债务限额管理实施前后存在一定的差别。东北地区的负债率在这一时期持续增加,债务限额管理仅起到了减缓负债率上升的作用。东、中、西部地区的负债率均经历了不同程度的逆转过程。对于西部地区而言,其2012—2014 年间债务增速远超地区生产总值增长,使得负债率年均增加 6.4 个百分点,而在限额管理后,年均回落 0.7 个百分点。从东、中部地区来看,受益于本区域较好的经济基础,东部地区在这一时期的负债率变动不大,2017 年较 2012 年年均增加仅 0.3 个百分点。中部地区在实施限额管理后,负债率下降有限,结合中部地区在这一时期的债务余额变动,主要是这一时期债务增速较高所致。

从对各省份人均债务负担与负债率的分析来看,虽然两个指标给出的整体态势是

---

① 给定我国地方政府债务所具有的公共池特征,一省份发行的地方政府债务并不意味着最终一定由该省份的居民来承担。但出于比较分析的视角,将人均债务余额作为衡量债务负担的相对指标仍具有一定的参考价值。

较为相似的,但是区域间地方政府债务负担的绝对值和相对值差异较大,不同指标所反映出来的地方政府债务负担程度仍然存在一定程度的差异。从各省份 2017 年人均地方政府债务负担及其负债率各自的排序来看,仅辽宁省在两个指标中的排序相同,吉林、河南、陕西、青海、宁夏五个省份排序变化在 1 位以内,五个省份(贵州、重庆、湖北、海南和内蒙古)两个指标的排序变动在 2 位以内,其余 19 个省份两个指标的排序差异相对较大。以甘肃为例,其 2017 年人均地方政府债务余额为 7877 元,在 30 个省份中排第 28 位,人均债务负担较轻,但其负债率为 27.7%,在全部省份中排第 9 位,属于高负债率省份。因此,对于地方政府债务实际负担的分析应同时考虑多个指标。

(二)地方政府财政能力和相对举债空间分析

基准分析法的第二步是测算地方政府的财政能力。在当前债务负担给定的情况下,举债空间的测算还需依据各地可利用的偿债资源来确定。本文采用债务率(地方政府债务余额占地区综合财力的比重)指标进行分析,其中将各省份当年的一般公共预算收入、政府性基金收入和中央补助收入(包含税收返还和转移支付收入)之和作为地方政府综合财力水平的度量指标,计算得到 2017 年底各省份地方政府债务率水平(见表 2)及债务率在地方政府债务限额管理前后的变化情况。2017 年债务率超过 100% 的六个省份分别为贵州、辽宁、内蒙古、云南、湖南和陕西。贵州省的债务率为 161.50%。分时期来看,2012—2014 年为大多数省份债务率的快速上升期,贵州、辽宁和安徽省的债务率上升较快。在债务限额管理后,各省份均将债务增速控制在综合财力增幅以下,前期债务率上升较快省份的债务率均出现不同程度的减少,仅陕西省债务率在此期间出现两位数增长。

表 2　地方政府债务率及其变动情况(2012—2017 年)

省份/地区	债务率/% 2017 年	债务率变动率/% 2012—2014 年	债务率变动率/% 2014—2017 年	省份/地区	债务率/% 2017 年	债务率变动率/% 2012—2014	债务率变动率/% 2014—2017 年
北京	41.30	−17.30	−13.90	河南	56.00	10.30	−4.40
天津	83.70	−2.60	6.50	湖北	66.40	−9.00	0.30
河北	72.20	9.00	−4.70	湖南	105.00	17.60	2.00
山西	60.10	6.40	3.40	广东	49.00	−0.20	−5.60
内蒙古	136.00	26.40	2.10	广西	92.80	22.00	−1.60

省份/地区	债务率/% 2017 年	债务率 变动率/% 2012— 2014 年	债务率 变动率/% 2014— 2017 年	省份/地区	债务率/% 2017 年	债务率 变动率/% 2012— 2014	债务率 变动率/% 2014— 2017 年
辽宁	157.80	31.30	6.60	海南	97.10	7.10	1.20
吉林	84.20	−2.90	1.70	重庆	64.60	−4.90	−0.10
黑龙江	74.80	9.80	1.70	四川	80.60	2.70	−1.10
上海	51.10	−8.40	−7.90	贵州	161.50	54.40	−13.50
江苏	71.90	8.00	0.10	云南	119.10	22.70	−3.40
浙江	69.20	−1.90	−7.90	陕西	102.70	14.40	11.80
安徽	73.70	33.20	−14.20	甘肃	60.60	6.00	2.00
福建	90.60	17.90	−1.20	青海	93.10	14.00	0.60
江西	68.30	12.50	−4.70	宁夏	91.40	19.40	2.40
山东	82.20	11.90	1.50	新疆	74.20	11.00	2.60
东部地区	70.80	2.40	−3.20	西部	97.90	17.10	0.20
中部地区	71.60	11.90	−2.90	东北	105.60	12.70	3.30

数据来源：同表 1。

分区域来看，受制于地区综合财力增幅放缓和财政收入调整的影响，东北地区债务率水平在限额管理后仍出现上升，西部地区债务率在限额管理后变化不大，债务余额增幅与综合财力同步增长。而东、中部地区均出现了债务率的下降，反映出债务余额增速低于综合财力的增长。

衡量相对举债空间的第三步是根据债务率和债务分布变动来确定各省份的相对举债空间。利用上述步骤测算的指标，可以计算各省份债务规模与其可利用偿债资源的比例。一个地区债务率比值越高，说明债务负担越重，未来的举债空间就越有限。本文将举债空间相对较窄省份界定为债务率高于同期全国平均债务率水平的地区，由此可确认在 2014 年和 2017 年分别有 12 个省份和 11 个省份处于这一区间，但是具体省份略有差异（见表 4）。

本文选取的第二个核心指标是相对债务规模。地方政府举债空间除由现行债务负担来体现外,还可以由债务规模在地区间的分布情况来观测。通过比较本地区债务占全部地方政府债务比重的变化,可确定同期债务积累相对较快的地区。本文认为在其他条件不变的情况下,这类举债力度相对较大的地区,其未来的举债空间会有所缩小。表3给出2012年、2014年和2017年地方政府债务分布及其变动情况,比值大于1表示在这一时期该省份的相对举债力度在增加。从2012年—2014年间的举债情况分析可得,贵州、广西、宁夏、福建、安徽等省份举债力度强于其他省份。而在债务限额管理实施之后,山西、天津、甘肃、海南、宁夏和湖北等省份的存量债务相对规模在上升。

相对债务规模的增加或是由于上述省份在这一时期的政府投资支出增速加快,或是由于上述省份在这一时期更频繁地使用债务作为主要的融资工具,或是由于其他省份的债务规模在减小,但远超过平均水平的债务积累必然意味着这些省份未来的举债空间有所削弱。

表3 各省份地方政府债务分布变动(2012—2017年)

省份	地方政府债务分布					省份	地方政府债务分布				
	2012年	2014年	比值1	2017年	比值2		2012年	2014年	比值1	2017年	比值2
北京	6.6%	4.8%	0.72	2.3%	0.49	河南	3.3%	3.5%	1.05	3.4%	0.97
天津	2.4%	1.6%	0.67	2.1%	1.28	湖北	4.7%	2.9%	0.61	3.5%	1.20
河北	4.0%	3.6%	0.88	3.7%	1.05	湖南	3.5%	4.1%	1.16	4.6%	1.14
山西	1.5%	1.2%	0.79	1.6%	1.34	广东	7.3%	5.7%	0.79	5.5%	0.96
内蒙古	3.4%	3.6%	1.05	3.8%	1.06	广西	2.2%	2.8%	1.29	2.9%	1.05
辽宁	5.7%	4.4%	0.77	5.1%	1.17	海南	1.0%	0.9%	0.84	1.0%	1.21
吉林	2.8%	1.8%	0.65	1.9%	1.05	重庆	3.6%	2.1%	0.58	2.4%	1.15
黑龙江	2.0%	1.8%	0.90	2.1%	1.15	四川	6.1%	4.9%	0.79	5.1%	1.06
上海	5.7%	3.8%	0.66	2.8%	0.75	贵州	3.4%	5.7%	1.66	5.2%	0.92
江苏	7.2%	6.9%	0.96	7.3%	1.06	云南	3.9%	3.9%	1.01	4.1%	1.04
浙江	6.5%	5.7%	0.88	5.6%	0.99	陕西	2.7%	3.1%	1.18	3.3%	1.04
安徽	2.8%	3.4%	1.20	3.5%	1.04	甘肃	1.0%	1.0%	0.96	1.3%	1.25
福建	2.5%	3.2%	1.26	3.3%	1.05	青海	0.8%	0.8%	0.99	0.9%	1.20

续表

省份	地方政府债务分布					省份	地方政府债务分布				
	2012 年	2014 年	比值 1	2017 年	比值 2		2012 年	2014 年	比值 1	2017 年	比值 2
江西	2.5%	2.4%	0.97	2.6%	1.08	宁夏	0.5%	0.6%	1.28	0.7%	1.17
山东	5.3%	6.0%	1.14	6.2%	1.03	新疆	1.6%	1.7%	1.09	2.0%	1.19

注:地方政府债务分布即为该地区地方政府债务余额占全国地方政府债务余额的比重。比值 1 为 2014 年占比相对于 2012 年占比的变化,比值 2 为 2017 年占比相对于 2014 年占比的变化。

数据来源:同表 1。

　　将两个时期的债务率和相对债务分布指标相结合,可以证实各省份地方政府债务的相对举债空间出现进一步分化趋势,部分省份的相对举债空间有限,并且在实施债务限额管理后,仍然表现出这一特性。表 4 分别给出 2014 年和 2017 年度各省份根据两类指标划分的分类情况。从 2014 年的情况来看,部分省份不仅债务率高,而且这种高债务率主要是由最近两年的大规模举债带来的,比如贵州、福建、湖南、广西、内蒙古等省份。而有些省份虽然债务率较高,但是其 2012—2014 年间的举债力度相对其他省份而言有所下降,比如浙江、海南、陕西等省份,其相对举债空间得以拓宽。

　　从债务限额管理后的情况来看,贵州省的新增债务得到控制,但是青海、湖南、内蒙古、广西、福建和云南等省份的债务率仍然处于相对较高的状态[①]。

　　从表 4 的各省份债务率和相对债务规模来推断,可以定性判断各省份相对举债空间的差异。即对于始终位列矩阵左上方的省份(比如广西、福建、湖南、云南、内蒙古和青海等),其相对举债空间有限,应进一步加强其债务限额控制。而对于债务风险较弱省份(如表 4 中同时满足相对债务规模小和债务率低于全国平均两个条件的省份),其举债空间相对较大,在情况允许的条件下,可以适当扩大这类省份的地方政府债务限额。

表 4　各省份债务风险与举债空间矩阵表(2014 年和 2017 年)

2014 年	相对债务规模大	相对债务规模小
债务率高于全国平均	贵州、广西、福建、安徽、湖南、内蒙古、云南、青海	浙江、海南、陕西、辽宁

---

　　① 　受北京和上海两市地方政府债务余额在限额管理后大幅减少的影响,部分省份的相对债务规模有所上升,使得 2017 年相对债务规模较大的省份数量较 2014 年有所增加。

续表

2014 年	相对债务规模大	相对债务规模小
债务率低于全国平均	宁夏、山东、河南、陕西、新疆、山西	河北、四川、北京、江西、吉林、上海、江苏、黑龙江、广东、湖北、重庆、天津、甘肃
2017 年	相对债务规模大	相对债务规模小
债务率高于全国平均	海南、青海、辽宁、宁夏、湖南、内蒙古、广西、福建、云南、陕西	贵州
债务率低于全国平均	吉林、天津、四川、黑龙江、新疆、安徽、河北、江苏、江西、湖北、重庆、甘肃、山西	山东、浙江、河南、广东、上海、北京

注:2014 年和 2017 年全国地方政府平均债务率分别为 88.13% 和 84.37%。相对债务规模大的判断指标为 2014 年(2017 年)该省份地方政府债务占全国地方政府债务比例较 2012 年(2014 年)有所增加,即表 3 中比值大于 1 的地区。

三、地方政府举债空间的影响因素

在对地方政府举债空间进行定性评估的基础上,本部分采用回归分析法,通过考察当期新增债务的影响因素来间接推断各地区的举债空间。这一推断方法的合理性如下:给定地方政府当期和未来的举债空间无法直接观察到,可以假设地方政府在每期的合理举债空间由本期新增债务和本期调整项组成,即 $D_{i,t}^* = B_{i,t} - R_{i,t}^*$。式中,$D_{i,t}^*$ 为地方政府在 t 期的举债空间,$B_{i,t}$ 表示地方政府在 t 期的新增债务,$R_{i,t}^*$ 即为其他无法直接观察的债务指标。因此可以将举债空间的决定模型转换为新增债务的决定模型,将新增债务的决定因素设定为地区经济发展条件、城镇化、地区财力、人口规模与结构等变量的函数,得到如下形式的计量方程:

$$D_{i,t}^* = B_{i,t} = \alpha_0 + \alpha_1 D_{i,t-1} + \sum_{j=1}^{n} \beta_j X_{i,t-1} + \lambda D_{2015} + \gamma_i + \varepsilon_{it}$$

本文将被解释变量设定为新增人均债务,将上期人均债务余额 $D_{i,t-1}$ 放在回归方程的右边以控制债务存量的影响,虚拟变量 D_{2015} 用于控制债务限额管理政策的影响。假定误差项中包含了无法观测到的 $R_{i,t}^*$。

$X_{i,t}$ 为控制变量向量。现有文献认为地方政府举债行为会受到地区经济发展水平

（审计署，2013；周飞舟，2012）、地区城镇化程度（李永刚，2011；刘尚希等，2012）、地区财力与政府间财政关系（庞保庆等，2015；Ellis et al. 999）、地区人口规模与结构（Fisher et al.，2013）等因素的影响。因此，本文将上述要素加入到控制变量中。宏观经济水平由各省份人均地区生产总值来表示，地区城镇化水平由各省份城镇人口占总人口的比重来衡量，地区财力和政府间关系由各省份一般预算收入占全部财政支出的比重①和人均净转移支付金额来衡量。人口规模与结构由年均人口自然增长率、少儿抚养比和老年人抚养比三个变量来衡量。为避免内生性，本文在选择上述控制变量时，均选取前期值。

　　本文所考察的年份为2010—2017年，包含了可准确识别各省份地方政府债务的最长年份，其中2011年和2013年的各省份地方政府债务余额由插值计算得到，其余年份地方政府债务余额数据来源如表1所述。其余数据均来自历年《中国统计年鉴》和《中国财政年鉴》。

　　表5给出本文所用变量说明及相应的描述性统计结果，样本期内各省份每年新增人均地方政府债务金额为1160元，人均地方政府债务余额为10840元。

表5　变量说明及描述性统计结果

变量名称	均值	标准差	最小值	最大值
新增人均地方政府债务/元	1160.48	1679.38	−8238.56	8512.84
人均地方政府债务余额/元	10839.80	6230.39	2037.34	34617.74
人均地区生产总值/元	48708.82	23453.66	13119.00	129041.6
城镇化率/%	54.76	13.09	29.88	89.61
一般预算收入占财政支出比重/%	51.41	19.47	14.83	93.14
人均实际净转移支付/元	4074.57	2885.04	667.36	18207.53
少儿抚养比/%	22.33	6.14	9.90	38.10
老年人抚养比/%	13.11	2.78	7.40	20.60

　　表6中(1)～(3)分别给出基于混合面板的最小二乘估计结果，而(4)～(6)则给出基于固定效应的估计结果。各列均包含宏观经济变量、地区城镇化水平、地方财力变

---

　　① 人均一般预算收入与人均地区生产总值高度正相关，导致估计结果出现多重共线性问题。因此本文采用一般预算收入占全部财政支出的比重，以及人均土地出让收入作为地区财力的衡量指标。

量和人口规模与结构变量。为区分债务限额管理对于地方政府举债行为的影响,本文也考察了不同子样本期的回归结果。

本文的回归结果表明地方政府债务限额管理直接割裂了地方经济发展情况与地方政府债务之间的关系。由回归结果可知,在整个样本期内新增人均地方政府债务余额仅与地方政府债务存量和反映债务限额管理虚拟变量具有显著的相关性,其余经济、财政和人口结构变量均不会对新增人均地方政府债务产生影响,这一结果无论是基于混合面板的最小二乘回归还是基于固定效应的检验都成立。而在 2015—2017 年的子样本期回归中,人均地区债务余额这一变量的显著性不存在。

这一结果意味着在实施地方政府债务限额管理后,中央政府在设定地方政府的新增债务时,并未充分考虑地方政府可能具有的举债空间,而更多地从控制整体债务风险的角度来进行地方政府债务管理。在地方政府的举债空间和债务特征相似的情况下,这一政策可以有效地减少中央政府和地方政府的债务管理成本。给定上文的分析,本文认为这一限额管理政策在降低中央政府管理成本的同时,增加了地方政府的债务使用成本,使得一些更具举债空间的地方政府会选择采用其他方式进行融资。

表 6　回归结果

解释变量	(1)	(2)	(3)	(4)	(5)	(6)
	OLS	OLS	OLS	固定效应	固定效应	固定效应
	2010—2017 年	2010—2014 年	2015—2017 年	2010—2017 年	2010—2014 年	2015—2017 年
人均地方政府债务	0.119***	0.227***	−0.075	0.189***	0.329***	0.153
	(0.042)	(0.0459)	(0.058)	(0.037)	(0.095)	(0.255)
人均地区生产总值	−0.023*	−0.044***	−0.003	−0.015	−0.105**	0.046
	(0.012)	(0.0145)	(0.296)	(0.029)	(0.042)	(0.047)
一般预算收支差额占预算支出比	21.867	24.736**	−1.415	3.266	14.270*	−63.310
	(14.770)	(11.511)	(33.737)	(25.949)	(6.515)	(48.452)
人均净转移支付	0.130*	0.154**	0.197	0.100	0.151***	0.186
	(0.078)	(0.074)	(0.137)	(0.204)	(0.041)	(0.194)

解释变量	(1)	(2)	(3)	(4)	(5)	(6)
	OLS	OLS	OLS	固定效应	固定效应	固定效应
	2010—2017 年	2010—2014 年	2015—2017 年	2010—2017 年	2010—2014 年	2015—2017 年
人口增长率	−19.905	−60.528	−74.938	152.428	−276.680*	192.623
	(58.857)	(63.567)	(107.481)	(192.044)	(160.498)	(239.657)
老年人抚养比	4.936	−4.721	19.735	−116.206	−9.826	120.847
	(33.13)	(37.320)	(50.156)	(109.287)	(111.147)	(201.996)
少儿抚养比	9.622	10.728	15.021	−39.330	−94.566	192.623
	(15.211)	(13.373)	(19.108)	(92.635)	(123.328)	(118.511)
限额管理	−1681.702***			−1664.073***		
	(197.492)			(386.685)		
年份效应	未控制	控制	控制	未控制	控制	控制
观察值	240	150	90	240	150	90
拟合度	0.374	0.583	0.205	0.512	0.479	0.241

注：***、**和*分别表示在 1%、5% 和 10% 的显著性水平下显著。在 OLS 回归中还包括了东部地区和中部地区的虚拟变量。括号中的标准误为稳健性标准误，在省级层面上集聚。

从各变量的影响程度来看，经济和财政变量在实施债务限额管理之前对于地方政府举债行为具有一定的影响。从 2010—2014 年间的子样本回归中可以证实，人均地方政府债务余额越高的省份，其出于借新还旧或资金使用的考虑，对债务融资的需求就越强。基于最小二乘的回归结果表明，人均地方政府债务每增加 1 万元，会导致该地区人均地方政府债务发行量增加 1190 元左右，这一效应主要体现在 2015 年之前，而限额管理之后，这一效应不再显著，地方政府的新增债务金额与其存量债务之间的相关性减弱。而固定效应回归的估计结果表明，在限额管理政策实施之前，存量债务对于新增债务的影响进一步增加到 3290 元。

而从地区财力情况来看，地方政府债务与该省份的财政能力之间具有一定的负相关关系，地方财政中一般预算收支差额占财政支出的比重越大，该省份人均地方政府新增债务就越高。该比值每减少 1%，人均地方政府债务便会增加 23.00～64.45 元。这与 Bai 等(2016)基于地方财力缺口的分析结论是一致的。他们证实了在 2009 年之后地方融资平台的债务规模与该地区的财力缺口具有显著的正相关性。庞保庆和陈硕(2015)根据预算内收支差额的研究,也证实自有财力越紧张的城市,就越有激励行为进行举债融资。从政府间关系来看,人均净转移支付与人均新增债务之间的关系较为显著,人均转移支付每增加1万元,会导致当年人均债务发行量增加140元左右。

人口因素对于新增债务发行的影响在两类回归方法中的结果存在一定的差异,但结果均证实人口因素对地方政府债务的变化影响不大。地方政府债务的增加与人口规模及其结构因素之间的相关性并不显著。

根据地方政府债务的李嘉图等价(Banzhaf et al.,2013),地方政府举债对当期居民具有正向财富效应,老年人占比越高,其对举债的需求就越大。本文中老年人抚养比在回归结果中均为负,但并不显著,说明老年人占比与地方政府债务增量之间并不存在相关性,无法支持地方政府债务的李嘉图等价,这意味着对于我国的地方政府举债是否有助于代际公平这一问题需要进一步的研究。

当地方政府举债与本地区的人口规模或结构无关时,必然会产生"公共池"现象,即地方政府举债的成本由全国居民承担,而收益主要由本地居民获取,这会增加地方政府过度举债的激励行为。从本文的实证分析来看,这一现象在我国的地方政府债务中存在,这一结果部分表明地方政府在举债时,对本省份的实际举债空间考虑不足。因此,对于我国地方政府过度举债行为的规范,除了限额管理之外,还应立足于强化地区内居民对地方政府债务的监督责任。

四、结论与政策建议

在债务数据可得性的约束下,本文采用基准分析法对省级地方政府债务规模及债务负担进行分析,结合相对比率指标对地方政府的相对举债空间进行了定性评估。结果表明多数省份仍有一定的举债空间,但地区间地方政府举债空间出现进一步分化趋势。部分省份的负债率指标已经较接近临界值,少数省份过度举债状况应引起高度重视。部分省份不仅债务率高,而且这种高债务率在实施债务限额管理后仍然存在,其未来举债空间大幅度缩小。这也隐含着这类地区的地方政府债务有陷入恶性循环的态势。有些省份虽然债务率较高,但是其近年来相对债务规模有所下降,其举债空间得以拓宽。

在定性评估的基础上,本文证实我国地方政府举债空间主要受到地区经济发展和地区财力变化的影响。"公共池"现象的存在使得地方政府存在超过本地区实际举债空间进行过度举债的激励行为。而债务限额管理政策的实施,进一步割裂了地方政府举债活动与本地区实际举债空间之间的关系,扭曲了地方政府的举债决策。

基于上述分析结论,本文认为在测算地方政府举债空间时,不仅应该关注负债率、债务率等债务相关指标,而且还应该关注地方偿债资源及其决定因素。各省份的经济水平、财政收入构成具有一定的差异性,人口结构也不尽相同,相应的基础设施需求也存在较大差异,应通过合理考虑地方宏观经济走势、财政收入变化、资源价值变动和债务投资效益来综合地判断地方政府举债空间。

在地方政府债务管理上,本文建议探索引入地方政府举债空间指标以提高地方政府债务限额管理的科学性。对于地方政府举债空间的测算可以作为债务用于资本性支出这一黄金规则的有效补充,为合理设定地方政府债务限额提供定量支撑,也为省级地方政府债务的横向比较提供参考基准。

对于地方政府举债空间的研究还可以从以下两个方面进一步拓展。第一,基于地方政府的整体债务负担来测算地方政府举债空间。在后续研究中可以考虑分析包含不同类型地方政府性债务情况下的举债空间。第二,对不同条件下地方政府举债空间进行预测和敏感性分析,特别是随着样本规模的增加,根据经济发展水平和财力等指标的预测值,科学预测地方政府中短期内的举债空间。同时根据债务发行条件、利率的变化,考察政府举债空间的变化可能,更为科学地确定地方政府举债空间,增强地方政府债务管理的针对性。

主要参考文献

[1] Aizenman J,Jinjarak Y,2010. De facto fiscal space and fiscal stimulus: definition and assessment. NBER Working Paper.

[2] Bai C E,Hsieh C T,Song Z,2016. The long shadow of a fiscal expansion. NBER Working Paper.

[3] Banzhaf H S,Oates W E,2013. On fiscal illusion in local public finance:re-examining ricardian equivalence and the renter effect. National Tax Journal,66(3): 511-540.

[4] Brecher C,Richwerger K,Wagner V M,2003. An approach to measuring the affordability of state debt. Public Budgeting & Finance,23(4):65-85.

[5] Ellis M A,Schansberg D E,1999. The determinants of state government debt financing. Public Finance Review,27(6):571-587.

[6] Fisher R W,Wassmer W R,2014. The issuance of state and local debt

During the United States Great Recession. National Tax Journal,67(1):113-150.

[7] Ghosh A R,Kim J I,Enrique G,et al,2013. Fiscal fatigue,fiscal space and debt sustainability in advanced economies,economic journal. Royal Economic Society, 123(556):4-30.

[8] Heller S P,2005. Back to basics-fiscal space:what it is and how to get it. Finance and Development,42(2).

[9] Hildreth B W,Kurt C K,2005. The evolution of the state and local government municipal debt market over the past quarter century. Public Budgeting & Finance. 25(4s): 127-153.

[10] Ma J,Polackova H,2003. Monitoring fiscal risks and subnational governments: selected country experiences. London:Oxford University Press.

[11] Miranda R,Picur R,2000. Benchmarking and measuring debt capacity. Washington D. C. :Government Finance Officers Association (GFOA).

[12] Ostry J D,Ghost A R,Kim J I,et al,2010. Fiscal space. Washington D. C: IMF Staff Position Note.

[13] Ramsey J R,T Gritz T,Hackbart,M M,1988. State approaches to debt capacity assessment:a further evaluation. International Journal of Public Administration,11 (1):227-238.

[14] 郭玉清,袁静,李永宁,2015. 我国各省区财政偿债能力的比较与演进: 2005—2012. 财贸研究(1):80-90.

[15] 洪源,秦玉奇,王群群,2015. 地方政府债务规模绩效评估、影响机制及优化 治理研究. 中国软科学(11):161-175.

[16] 李腊生,耿晓媛,郑杰,2013. 我国地方政府债务风险评价. 统计研究(10): 30-39.

[17] 李永刚,2011. 地方政府债务规模影响因素及化解对策. 中南财经政法大学 学报(6):3-6.

[18] 刘尚希,赵全厚,孟艳,等,2012."十二五"时期我国地方政府性债务压力测 试研究. 经济研究参考(8):3-58.

[19] 梅建明,谢霞飞,王志伟,2015. 关于地方政府融资适度规模的探讨. 财政研 究(9):85-91.

[20] 缪小林,伏润民,2014. 我国地方政府债可持续测度研究. 当代财经(8):

30-40.

[21] 庞保庆,陈硕,2015.央地财政格局下的地方政府债务成因、规模及风险.经济社会体制比较(5):46-56.

[22] 审计署.审计署发布第 32 号公文:全国政府性债务审计结果.(2013-12-30)[2018-12-05]. http://www.gov.cn/gzdt/2013-12/30/content_2557187.htm.

[23] 徐占东,王雪标,2015.中国省级政府债务风险测度与分析.数量经济技术经济研究(12):38-54.

[24] 周飞舟,2012.以利为利:财政关系与地方政府行为.上海:上海三联书店.

[25] 庄佳强,2015.基于债务限额法的我国地方政府举债空间测算.财政经济评论(下卷)(2):88-96.

Debt Space of Subnational Government: Concept, Measurement and Influencing Factors

Abstract: In this paper, debt space of subnational government is defined as given the subnational government's financial sustainability and regional economy stability, and the affordable size of subnational government debt is according to the constraints they face. Based on this concept, this paper explores the differences between the debt space of Chinese provincial government using the benchmark analysis. The result confirms that the debt space of subnational government is divided and the subnational government debt is in a vicious circle in some areas. Then, this paper uses the regression analysis to test the Common Pool Hypothesis on that the subnational government debt. We argued the subnational government has the incentive to overborrow given its limited debt space. Furthermore, the subnational debt quota management weakens the relationship between the government's borrow and its debt space. Based on these conclusions, this paper puts forward the policy recommendations on the application of debt space from three aspects—the measurement of subnational government debt space, the indicator setting and the supervision afterwards, so as to further improve the subnational government debt management.

Key words: subnational government debt; debt space; debt management

分权治理背景下政府间转移支付与地方财政支出效率

——基于四阶段 DEA 和 Bootstrapped-DEA 实证框架*

◎刘 炯 王 芳

摘 要:在分权治理背景下,政府间转移支付能否提高地方财政支出效率?这事关财政体制改革和公共服务质量提升。本文基于四阶段 DEA 和 Bootstrapped-DEA 实证框架,运用 2007—2012 年省级数据对此加以研究。研究显示:(1)从转移支付自身看,总量转移支付和专项转移支付会显著降低地方财政支出效率;(2)从转移支付与地区竞争的交互作用看,地区竞争显著地降低了地方政府财政支出效率,而总量转移支付和专项转移支付显著地强化了地区竞争对财政支出效率的负面作用;(3)无论从哪个角度看,一般性转移支付对财政支出效率都没有产生正面效应。这表明,就提高地方政府财政支出效率而言,仅仅将专项转移支付变为一般性转移支付是不够的,政策重心应该被更多地放在各类型转移支付的具体制度设计上。

关键词:分权治理;政府间转移支付;地方财政支出效率

一、引 言

提高地方政府公共服务的配置效率被认为是向地方分权的重要根据。Geys 和 Moesen(2008)强调分权治理的合理性需要建立在地方政府拥有更高的生产效率基础上。公共服务有效供给本身就蕴含着对生产效率的要求,某项活动的生产效率不高,其有效性程度也会很差(贾智莲等,2010)。事实上,伴随着几十年的

---

* 刘炯,浙江财经大学财政税务学院,762878421@qq.com;王芳,浙江财经大学东方学院金融与经贸分院,zsduf@126.com。

分权治理实践,我国进行过多次针对地方政府部门的公共改革。改革核心目标就是提高公共部门的生产效率和资源配置效率,但地方政府效率并没有因此得到较大改善(秦小莉等,2015)。一方面,财政投入不断增长,政府行政费用飞速增长。申恩威(2011)指出,从财政支出中行政管理费用支出所占比重看,1978年只有4.7%,1990年上升到13.4%,2006年已占到18.7%。这一比例不仅远远高于西方发达国家,甚至高出世界平均水平25%。另一方面,公众对诸如关系民生的医疗、教育、社保等公共服务满意度却不容乐观。根据中国社会科学院与华图政信公共管理研究院联合编写的《公共服务蓝皮书》权威报告,仅以医疗卫生为例,2011年至2013年公众对其的关注度一直在提升,但是2013年医疗卫生要素发展指数均值为−0.058[①],在被调查的38个城市中,34个城市是负数[②],这表明公众对医疗卫生服务的满意度较之2012年有所下降。可见,要提高公共服务供给水平,改善民生和增进福利水平,除了大规模追加财政投入外,更应该提高地方政府财政支出效率。(陈刚等,2010)

现有国内相关文献集中研究地方政府支出效率的测度以及影响因素(陈诗一等,2008;高学武等,2013;李华等,2013),鲜有文献深入分析分权治理体制下的政府间转移支付制度对地方政府支出效率的影响。与之相较,国外不少研究注意到转移支付对地方政府财政支出效率的影响。许多研究者指出转移支付提高了地方政府的财政能力,有可能造成地方政府预算软约束,降低地方政府支出效率。同时,财政能力充沛的地方政府即使不提高自身效率,也能提供优质的公共服务。在这种情况下,地方政府没有动力改革政府部门以提高效率,因为政府内部改革的政治阻力比较大(Borge et al.,2008)。也有研究认为,转移支付在一定程度上均等化了地方政府之间的财政能力,部分消除了地方政府之间的财政差异,使地方政府提高效率的努力更易被投票者识别,提高了改善效率的政治回报(Kotsogiannis,2008)。在这种正反馈机制的作用下,转移支付有可能提高地方政府支出效率。从实证研究看,Geys等(2010)发现德国地方政府财政支出效率与转移支付之间的负向关联。

---

① 要素发展指数是通过模型"(当年要素满意度得分−上一年要素满意度得分)/上一年要素满意度得分"得出,表示公共服务要素满意度得分相对于上一年度的上升幅度。这个模型以国家为一个整体,强调的是城市基本公共服务的不同要素在某一时间段的发展程度,侧面反映了在一定时间段中基本公共服务的这一方面取得的进步。其值越高,表明我国这一基本公共服务要素的工作在该时间段内取得了越好的发展,获得了越好的效果。从长期来看,要素发展指数在一定程度上反映了我国在这一要素上总体发展的稳定性。

② 仅有西宁、北京、南昌和海口四个城市的医疗卫生要素发展指数为正数。

Barankay 等(2007)针对瑞士的研究发现,以地方公共服务均等化为目的的转移支付进一步恶化了地方政府生产效率,并且这种负面作用同时体现在转移支付流入方和流出方。但是,Geys 和 Moesen(2008)关于比利时的实证结果显示,转移支付与政府效率之间存在强烈而持久的正向联系。Grossman(1999)和 Worthington(2000)对于美国和澳大利亚地方政府效率的研究,证实了转移支付对地方政府支出效率具有的正面影响。

基于此,本文主要从实证角度研究我国转移支付与地方政府财政支出效率之间的关系。余下的内容做以下安排:第一部分提出测度地方政府财政支出效率的策略方法;第二部分基于四阶段 DEA 和 Bootstrapped-DEA 模型实证测度 2007—2012 年中国各省份的财政支出效率;第三部分在计算结果基础上,根据面板数据实证 2007—2012 年人均转移支付总量与转移结构对各省份财政支出效率的影响;最后概括本文的研究结论。

二、政府支出效率测算的策略方法

测度政府支出效率需要解决两个关键问题,一是如何确定投入产出指标,二是选择合适方法进行测度。对于前者而言,指标选择应当准确刻画政府的产出;对于后者而言,测度方法应当能够剔除初始禀赋和外生冲击对政府支出效率的影响。因此,我们首先讨论指标选择,然后确定测度效率的方法。

(一)测度政府支出效率的投入产出指标选择

选择测度政府效率的投入产出指标本质上是对政府责任的量化。在这方面,一个标志性工作是陈诗一和张军(2008)完成的,他们集中分析由公共服务引致的产出表现,进而测算中国各省份 1978—2005 年的财政支出效率。他们选择的产出指标包括教育、医疗卫生和基础设施三个方面。对于教育,他们采用的子指标是高等学校、中专、普通中学和小学教职工人数占总人口的比例;医疗卫生的子指标是各省份人均拥有的床位数和医生数;基础设施复合指标则包括有效灌溉面积、人均农村用电量、人均铁路公路里程和人均邮电业务量。对于投入指标,他们选择预算内和预算外的人均财政支出。后续诸研究则围绕这些指标进行扩充和修正。例如,伏润民(2008)等人根据党的十七大报告提到的民生重点行业和《2008 年政府收支分类科目》,将一般性转移支付绩效指标设定为教育、农林水、医疗卫生、城乡社区事务、社会保障、环境保护、公共安全和文体传媒等 8 个方面共 47 个指标,投入指标选择这 8 个方面的人均财政支出。高学武和张丹(2013)认为陈诗一和张军选择的产出指标本质上属于存量指标,而投入指标则属于流量指标,因此他们在测算地方支出效率时,将地方产出界定为经济增长率、就业率、城镇人口比重、工业增加值增长率和第二产业占比等相对变化指标。贾智莲和卢洪友(2010)认为陈诗一和张军选择的产出指标侧重于政府活动的中间产品,而非最终公共服务,因此他们选择成人识字率、平均受教育年限、平均预期寿命和养老保险、医疗保险和失业保险覆盖率作为产出指标。对于投入指标,冯涛和李湛(2009)认为如果不考虑人力和资本投入将会导致估计偏误。刘振亚等(2009)借鉴Afonso 等(2008)以及 De Borger 等(1996)的研究,认为人均财政支出作为投入可以保证将所有投入变量都纳入考虑,况且行政管理费用也都包含在财政支出当中,因此没有必要将行政管理人员也作为一项投入。

综合以上研究,考虑本文落脚点是反映政府责任,所以我们选择经济增长率、教育、医疗卫生、社会保障、基础设施和政府廉洁程度作为测度政府效率的产出指标。考虑到经济增长是地方政府的重要职能,将经过价格平减后的各省份 GDP 转化为增长率指标。对于教育,除了各类学校教职工人数比例外,还考虑了结果指标——平均受教育年限。对这个指标,本文参照李秀敏(2007)的方法,将文盲半文盲、小学、初中、高中、大专及以上受教育年限分别记为 2 年、6 年、9 年、12 年和 16 年。对于医疗卫生,本文遵循陈诗一和张军(2008)的做法,以人均病床数和医生数作为 2 个子指标。社会保障状况采用养老保险和医疗保险覆盖率 2 个子指标。对于基础设施,同样采用有效灌溉面积、农村人均用电量、人均铁路公路里程和人均邮电业务量 4 个子指标表示。政府官员廉洁程度是政府责任的重要组成部分,本文采用龚锋(2008)的做法,采用各省每万名公职人员中腐败案件发生率这个负向指标的倒数来测度地方政府的廉洁程度。具体数据描述见表1。对各类产出指标,本文采用简单加权的方法整合一个复合指标。对于投入指标,本文遵循 Afanson 等(2005)以及 De Borger 等(1996)的做法,以人均预算内财政支出作为投入指标。

表 1　测度地方政府支出效率的投入指标描述性统计

产出类别	产出指标	均值	最大值	最小值
经济增长	经济增长率/%	12.866	22.892	5.400

续表

产出类别	产出指标	均值	最大值	最小值
教育	高等学校教职工占总人口比例/%	0.183	0.671	0.092
	中等职业学校教职工占总人口比例/%	0.067	0.096	0.024
	普通中学教职工占总人口比例/%	0.561	3.048	0.269
	小学教职工占总人口比例/%	0.425	0.616	0.206
	平均受教育年限/年	8.811	11.869	7.071
	文盲率/%	5.976	34.810	1.460
医疗卫生	人均病床数/张	0.425	0.589	0.273
	人均医生数/人	0.506	0.948	0.303
社会保障	城镇职工养老保险覆盖率/%	16.674	48.118	3.205
	城镇职工基本医疗保险覆盖率/%	15.155	50.288	6.645
基础设施	有效灌溉面积占耕地面积的比重/%	55.467	97.685	27.080
	农村人均用电量/千瓦时	1304.132	8196.078	42.017
	人均铁路公路运输里程/(公里·人$^{-1}$)	0.004	0.021	0.001
	人均邮电业务量/(元·人$^{-1}$)	1154.904	3050.894	689.121
政府廉洁度	每万名公职人员职务犯罪数量/(件·万名公职人员$^{-1}$)	23.484	46.191	9.163

(二)测度政府支出效率的四阶段 DEA 方法

测度政府支出效率,数据包络(DEA)是常用的非参数方法。在假定规模收益不变的情况下,其原理即是式(1)中的线性规划问题。

$$\min_{\theta,\lambda} \theta$$
$$\text{s. t.} \quad -q_i + Q\lambda \geq 0, \theta x_i - X\lambda \geq 0, \quad \lambda \geq 0 \tag{1}$$

式中,θ 表示只有两种投入品 x_1 和 x_2 时的政府支出效率标量,λ 表示一个 $I \times 1$ 常数向量,x_i 和 q_i 表示第 i 决策单元的投入和产出,X 和 Q 表示所有决策单元的投入和产出矩阵。上述线性规划问题可以直观表示为图 1。在图 1 中,折线段 SS' 是生产技术前沿面,决策单元 A 和 B 的技术效率分别为 OA'/OA 和 OB'/OB。此外,对于投入 x_2 而言,决策单元 A 还可以减少投入 CA' 而得到相同产出的可能。这个减少量是决策单元 A 相对效率基准点 C 的投入松弛(input slack)。上述经典 DEA 方法的缺陷是将

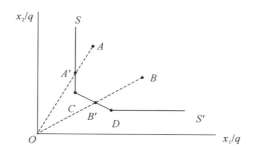

图 1 效率测量与投入松弛

任何相对技术前沿面的偏离视为管理上的无效率,从而忽视了决策主体所无法控制的因素(如环境禀赋、外部冲击、遗漏变量以及测量误差等)对效率的影响。对此,Fried等(1999)开发了一个四阶段 DEA 方法来消除外部因素对效率值 θ 的影响。

第一阶段,采用传统 DEA 方法测算出初始效率得分 θ 和松弛量 s。

第二阶段,建立松弛变量与外生环境变量的关系方程。由于某些决策单元的松弛量可能为 0,因此将计量方程设立为式(2)的 Tobit 模型。

$$s_i = \alpha_i + \beta_k Z_{ik} + u_i, i = 1, 2, \cdots, I; k = 1, 2, \cdots, K \tag{2}$$

式中,s_i 表示第 i 个决策单元的投入松弛量[①],α_i 表示截距项,Z_{ik} 表示 K 维外生环境变量,u_i 为误差项,β_k 表示待估系。

第三阶段,根据第二阶段回归结果对初始投入变量进行调整。

$$x_i^{adj} = x_i + [\max\{\hat{s}_i\} - \hat{s}_i], i = 1, 2, \cdots, I \tag{3}$$

式中,$\hat{s}_i = a_i + \beta_i Z_{ik}$,即第二阶段 Tobit 模型的拟合值。这一阶段调整的基本思想是:$\max\{\hat{s}_i\}$ 是拟合值中最大的松弛量,表示某个决策主体处于最差的外部环境。$[\max\{\hat{s}_i\} - \hat{s}_i]$ 表示决策单元 i 距离最差外部环境的距离,$x_i + [\max\{\hat{s}_i\} - \hat{s}_i]$ 表示所有决策单元的初始投入都调整到外部环境最差单元的状况。这样就剔除了外部环境的影响,使所有决策单元都处于相同的初始状况。

第四阶段,利用各决策单元重新调整后的投入计算 DEA 模型,得到新的效率得分 $\hat{\theta}'$。这个效率得分刻画了决策单元在最差外部环境下能够达到的效率水平。

---

① 由于本文采用的一种投入和一种产出的 CCB 模型,因此松弛量的下标只有代表决策单元的 i。

(三)对四阶段 DEA 的再次修正——Bootstrapped-DEA

虽然上述四阶段 DEA 调整修正了外部环境禀赋对各省份支出效率测度造成的偏误,但是还无法消除随机冲击对效率估计造成的影响。Simar 和 Wilson(1999)开发基于 Bootstrapped 的随机 DEA 模型在很大程度上解决了这一缺陷,更加客观地反映了效率水平。具体说,这一方法利用可放回的重复抽样方法,从四阶段 DEA 得到的效率值$\hat{\theta}'$中抽取一个规模为 N 的配对 Bootstrapped 样本 $B(\theta_{B1},\theta_{B2},\cdots,\theta_{BN})$,并对重新抽取的样本值测算的效率进行平滑处理,具体处理方法如下:

$$\tilde{\theta}^* = \theta_{Bi} + h\varepsilon_i^* \ (\theta_{Bi} + h\varepsilon^* \geqslant 1)$$
$$\tilde{\theta}^* = 2 - \theta_{Bi} - h\varepsilon_i^* \ (\theta_{Bi} + h\varepsilon^* < 1) \tag{4}$$

式中,h 为平滑参数或带宽,ε 为产生于标准正态分布的随机偏误。将得到的经过平滑处理的效率值对决策单元的初始投入进行再次调整,调整公式如下:

$$x_{ib}^* = (\hat{\theta}'/\theta_{ib}^*) \cdot x_i^{adj},i=1,2,\cdots,I \tag{5}$$

重复上述过程 B,得到效率得分的偏差,从而得到修正后的效率值。这个修正的效率值在很大程度上消除了环境禀赋、随机冲击、遗漏变量和统计误差可能对效率估计的影响。基于这个效率值,再次建立转移支付与地方政府支出效率的计量模型,考察转移支付总量和转移支付结构对地方政府支出效率的影响。

三、中国省级地方财政支出效率的测度与分析

(一)变量选择、数据来源和样本说明

结合数据可得性和政府履行供给公共服务的责任内涵,本文对投入变量、产出变量和环境变量的选择如下。

投入变量:人均预算内财政支出。

产出变量:产出是一个复合性变量,如表 1,涉及经济增长、教育、医疗卫生、社会保障、基础设施和政府廉洁度六类,涉及经济增长率、高等学校教职工人数占比、中等职业学校教职工人数占比、普通中学教职工人数占比、普通小学教职工人数占比、平均受教育年限、文盲率、人均病床数、人均医生数、城镇职工养老保险覆盖率、基本医疗保险覆盖率、有效灌溉面积比重、农村人均用电量、人均铁路公路里程、人均邮电业务量、每万名公职人员职务犯罪立案数这 16 个指标。上述每个指标都除以其均值以消除量纲差异,这样获得各自正规化得分。总产出指标是根据这六类产出经过简单加权(每一类产出权重为 0.1667)后得到的。

环境变量：人口密度、对外开放度、人均受教育年限、人均 GDP、各省份物质资本存量、产业结构、国有企业比重、人均财政收入、少儿抚养比、老人人口抚养比和金融发展水平[①]。

以上数据来源于各年的《中国统计年鉴》、各地区统计年鉴、《中国劳动统计年鉴》、《中国金融年鉴》和《中国检察年鉴》。由于重庆、海南和西藏的转移支付数据难以搜集到，所以剔除这三个省份。分析的样本包括北京、天津、河北、山西、内蒙古、辽宁、吉林、黑龙江、上海、江苏、浙江、安徽、福建、江西、山东、河南、湖北、湖南、广东、广西、四川、贵州、云南、陕西、甘肃、青海、宁夏、新疆这 28 个省区市。

(二)实证结果与初步分析

借助 MAXdea 软件，运行四阶段 DEA 和 Bootstrapped-DEA 得到 2007—2012 年 28 个省份的相对效率得分。图 2 将这个结果直观地反映出来。从图 2 中可以发现多数省份在 2010 年支出效率达到最高，随后出现下降趋势。表 2 给出了 2012 年各省份财政支出的技术效率和规模报酬。经过四阶段 DEA 和 Bootstrapped-DEA 调整后，

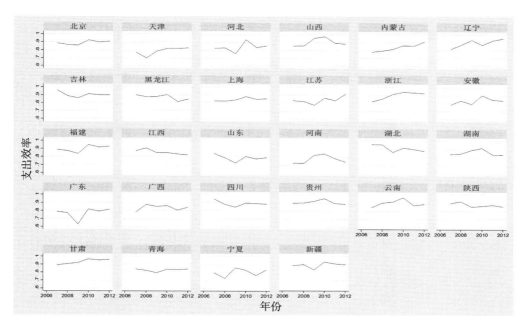

图 2　2007—2012 年各省份财政支出效率

---

① 其中各省份物质资本存量是张军(2004)根据 1978 年不变价格计算而得；产业结构是根据第三产业人员占就业人员比重计算得到；国有企业比重是根据国有企业职工人数比重计算得到；金融发展水平是根据金融机构年末贷款余额与 GDP 比重计算得到。

各省份财政支出效率得分平均由 0.765 上升到 0.866。更重要的是,位于东部沿海经济发达省份的支出效率有了明显下降,例如上海、江苏、浙江效率得分从最优效率的 1 下降到 0.855、0.913 和 0.922,排名从并列第 1 下降到第 15 名、第 5 名和第 4 名。而西部省份效率得分有明显上升,例如青海省初始效率得分只有 0.320,经过调整后上升到 0.841,排名从最后上升到第 20 名,内蒙古自治区从第 26 名上升到第 7 名。这表明采用四阶段 DEA 和 Bootstrapped-DEA 方法相对经典 DEA 方法具有较大的准确度。从表中东部、中部、西部三大地域的财政支出效率看,东部地区平均效率得分为 0.878,其次为西部地区的 0.875,中部地区的财政支出效率最低,平均值为 0.841。这一结果与陈诗一和张军(2008)的结论有所不同,他们发现西部地区尽管有较高的人均财政支出,但政府支出效率远低于中部地区。高学武和张丹(2013)的研究结论则与本文相似,即西部地区支出效率高于中部地区,而且效率分值也比较接近。这种差异可能与产出指标选择和是否消除外生影响因素有关。当然,这一点仍有待进一步探讨。值得注意的是,表 2 中有 15 个省份的财政支出处于规模递减范围,这表明这些省份的财政支出缺乏规模效益。

表 2　2012 年各省份财政支出技术效率与规模报酬

省份/地区	初始 DEA 效率	四阶段 DEA 效率	Bootstrapped 修正效率	规模报酬	排名
北　京	0.943	1.000	0.909	drs	6
天　津	0.418	0.853	0.824	drs	24
河　北	0.985	0.878	0.851	drs	17
山　西	0.79	0.905	0.877	drs	13
内蒙古	0.471	0.938	0.907	drs	7
辽　宁	0.629	0.987	0.952	drs	2
吉　林	0.642	0.928	0.900	drs	8
黑龙江	0.661	0.874	0.848	irs	18
上　海	1.000	1.000	0.855	drs	15
江　苏	1.000	1.000	0.913	drs	5

省份/地区	初始 DEA 效率	四阶段 DEA 效率	Bootstrapped 修正效率	规模报酬	排名
浙　江	1.000	1.000	0.922	drs	4
安　徽	0.804	0.866	0.839	drs	21
福　建	0.907	0.955	0.925	drs	3
江　西	0.793	0.852	0.824	drs	25
山　东	0.957	0.814	0.789	irs	27
河　南	0.958	0.76	0.737	irs	28
湖　北	0.817	0.901	0.873	drs	14
湖　南	0.856	0.859	0.828	irs	23
广　东	0.958	0.850	0.814	drs	26
广　西	0.832	0.867	0.841	irs	19
四　川	0.788	0.915	0.883	irs	10
贵　州	0.672	0.909	0.881	irs	12
云　南	0.693	0.909	0.882	irs	11
陕　西	0.705	0.882	0.854	drs	16
甘　肃	0.665	1.000	0.961	irs	1
青　海	0.320	0.871	0.841	irs	20
宁　夏	0.497	0.866	0.830	irs	22
新　疆	0.617	0.970	0.898	drs	9
东部地区	0.879	0.934	0.878		
中部地区	0.790	0.868	0.841		
西部地区	0.626	0.9127	0.875		
平均值	0.765	0.907	0.866		

（三）Tobit 回归模型结果及参数分析

在四阶段 DEA 分析中，以第一阶段得到的投入松弛量作为被解释变量，以外生影响因素作为解释变量建立 Tobit 规模模型。估计参数及结果如表3所示。

表 3　投入松弛量 Tobit 回归模型及结果

被解释变量	投入松弛量
人口密度	−2.197*** (−5.34)
对外开放度	−1087.5* (−2.31)
人均受教育年限	−172.4 (−0.57)
经济增长率	167.2*** (3.81)
物质资本存量（对数值）	−0.0257 (−1.32)
人均财政收入	0.611** (5.96)
产业结构	5065.6 (1.39)
国有经济比重	3971.8*** (3.32)
政府规模	19942.6*** (10.75)
少儿抚养比	−57.37* (−2.38)
老年人抚养比	−138.7* (−2.57)
金融发展水平	−1199.4*** (−6.19)
LR $\chi^2(12)$	486.28
Prob$>\chi^2$	0.0000
Log likelihood	−1203.466

说明：***、**、* 分别表示显著性水平为 1%、5% 和 10%。

表 3 结果显示 Tobit 模型的似然比检验卡方统计值为 −1203.466，对应 P 值不超过 1%，这说明环境因素对各省份财政支出效率存在显著影响。投入松弛量反映了各省为提供公共服务而发生的效率损失，如果外生因素与投入松弛量负相关，则表示增加外生影响因素有利于减少资金浪费；反之，如果两者正相关，则表示增加外生影响因素将会增加投入松弛量，从而降低财政支出效率。从回归结果看，增加人口密度、加强对外开放度、增加人均受教育年限和提高金融发展水平会减少财政支出浪费。这与我

们的直觉相吻合。相反,人均财政收入越高、政府规模越大以及国有经济比重越大会导致公共支出浪费显著增加。此外,经济增长速度越快,公共资源浪费程度越大,越表明中国经济增长是以降低公共支出效率为代价的。Tobit 回归模型显示,政府规模、国有经济比重、金融发展水平和对外开放度是影响政府效率损失的主导因素,而且在统计上是显著的。这一中间研究结果具有重要的政策意义,表明减少公共支出浪费、提高政府供给公共服务的效率水平,应当减小政府规模和国有经济比重,加快金融业发展和提高对外开放水平。

四、转移支付对省级财政支出效率的影响

(一)模型设定、数据来源和变量描述

1.模型设定

这一部分围绕以下几个问题展开实证分析。第一,考察政府间转移支付自身是否改善了地方政府提供公共品的生产方式。第二,验证转移支付是否通过地区竞争对地方政府支出效率产生影响。第三,考察转移支付内部结构对地方支出效率的影响。一般性与专项转移支付比例一直是我国理论和实务界长期关注的问题,本文通过实证路径来对比这两种转移支付形式对地方支出效率产生的影响。第四,验证传统财政分权治理理论的两个关键制度变量——财政分权治理和地区竞争对地方支出效率的影响。为此,本文利用 2007—2012 年各省份面板数据模式进行实证研究。根据研究需要,将计量模型设定为以下两种形式。

$$ge_{it} = \alpha_i + \beta_{ik}Z_{itk} + \gamma_1 ptranfer\_total_{it} + \gamma_2 decen + \gamma_3 compe + \sigma_i + \varepsilon_{ik}$$
$$ge_{it} = \alpha_i + \beta_{ik}Z_{itk} + \gamma_1 ptranfer\_general_{it} + \gamma_2 decen + \gamma_3 compe + \sigma_i + \varepsilon_{ik}$$
$$ge_{it} = \alpha_i + \beta_{ik}Z_{itk} + \gamma_1 ptranfer\_earmark_{it} + \gamma_2 decen + \gamma_3 compe + \sigma_i + \varepsilon_{ik} \quad (6)$$
$$ge_{it} = \alpha_i + \beta_{ik}Z_{itk} + \gamma_1 ptranfer\_total_{it} + \gamma_2 decen + \gamma_3 compe + \gamma_4 * ptranfer\_total_{it} * compe + \sigma_i + \varepsilon_{ik}$$
$$ge_{it} = \alpha_i + \beta_{ik}Z_{itk} + \gamma_1 ptranfer\_total_{it} + \gamma_2 decen + \gamma_3 compe + \gamma_4 * ptranfer\_general_{it} * compe + \sigma_i + \varepsilon_{ik}$$
$$ge_{it} = \alpha_i + \beta_{ik}Z_{itk} + \gamma_1 ptranfer\_total_{it} + \gamma_2 decen + \gamma_3 compe + \gamma_4 * ptranfer\_earmark * compe + \sigma_i + \varepsilon_{ik} \quad (7)$$

在式(6)和式(7)中,α_i 表示不随时间发生变化的截距项,Z_{itk} 表示 k 个控制变量。核心变量转移支付、财政分权治理和地区竞争以及交互项依次放入模型,$ptranfer_{it}$ 表

示人均转移支付,$compe$ 表示省域内部地区竞争激烈程度的变量,$decen$ 表示财政分权治理变量,$ptrasnfer * compe$ 表示转移支付与地区竞争的交互项,σ_t 表示与各省份个体特征无关但与共同外部冲击相关的时间变量,ε_{it} 表示随机扰动项。由于需要考察不同类型转移支付的效应,因此变量 $ptransfer\_total_{it}$、$ptransfer\_general_{it}$、$ptransfer\_earmark_{it}$ 分别表示 2007—2012 年各省份人均转移支付、人均一般性转移支付和人均专项转移支付。

2. 转移支付数据来源及初步分析

采集分类型转移支付数据是本文研究的一个难点。财政部国库司于 2008 年和 2009 年出版的《地方财政统计资料》提供了迄今为止最完整的省级分类型转移支付数据。之前和之后财政部都没有提供以省区市为对象的详尽的分类转移支付数据[①]。为此,笔者搜集了 2007 年以来各省份的预算执行情况和财政决算报告,在这份向地方人大提交的文件中涉及中央对省区市的财政拨款以及拨款结构。作为补充,各省区市财政部门出版的地方财政年鉴也为本文提供了转移支付的权威数据。唯一例外的是,北京市和上海市的财政年鉴和预决算报告没有详尽地提供转移支付数据。幸运的是,北京市财政决算报告提供了历年专项转移支付数量,将税收返还和一般性转移支付汇总以后报告给地方人大。因此,税收返还依据既定公式计算,与税基高度相关,具有相对稳定性这一特征。根据 2002—2009 年《地方财政统计资料》提供的北京市税收返还数据,对北京市 GDP 进行回归,两者相关系数高达 0.78。根据这一回归系数预测出 2010—2012 年北京市获得的税收返还,进而推算出 2010—2012 年北京市获得的一般性转移支付。利用已有数据发现,上海市获得的一般性转移支付与专项转移支付两者比例大致为 1∶0.94。根据这一特征,同样采用与 GDP 回归方法计算出 2010—2012 年上海市的税收返还数据,然后根据《中国财政年鉴》提供的上海市获得的上级补助数量减去税收返还数量,再利用上述 1∶0.94 比例关系推算出上海 2010—2012 年一般和专项转移支付[②]。其他省份也存在个别年份转移支付数据缺失的现象,可以根据插

---

① 财政部预算司编写的《地方财政统计资料》提供省以下市(县)转移支付总量和结构数据,但是这个数据包含了省本级对市(县)转移支付数量,无法将市(县)转移支付数据加总成中央对省区市的转移支付。这与本文通过研究中央与省份的财政拨款关系,从而考察这种纵向关联对各省份财政支出效率的影响存在差异。况且,这份财政资料编写也到 2009 年为止。

② 《上海市财政税务年鉴》提供了详尽的上海市对区(县)转移支付总量与结构数据,但无法根据这一数据推算出中央对上海市的转移支付结构。上海市在区(县)转移支付中,95% 为一般性转移支付,专项转移支付只有 5%,显然这一结构无法反映中央对上海市的转移支付结构。

值法推算出遗漏的个别数据。

  表4和图3分别以表和图的形式给出了2012年各省区市人均转移支付总量、一般性转移支付和专项转移支付数据。人均获得转移支付最多的是青海,其次是宁夏、新疆、内蒙古,最少的是广东、江苏和浙江。从三大地域看,西部地区人均获得转移支付多于中部地区,中部地区多于东部地区。西部地区人均获得的一般性转移支付要远多于专项转移支付,而东部地区人均一般和专项转移支付数量大体相近。这反映了中央政府试图通过财政倾斜和一般性转移支付工具来均衡各地区的财政差异,对于东部地区,则更多采用专项转移支付委托地方政府实现既定政策目标。

表4　2012年各省份人均转移支付数据及结构　　　　　　　单位:元

省份/地区	人均转移支付	人均一般性转移支付	人均专项转移支付
北京	2746.871	609.732	1754.700
天津	2959.629	1814.757	341.365
河北	2825.176	1331.731	1118.077
山西	3496.288	1705.536	1362.124
内蒙古	7023.475	3410.340	3090.073
辽宁	3767.783	1646.389	1257.234
吉林	5364.683	2682.761	2236.413
黑龙江	5326.369	2654.937	2325.888
上海	2537.357	364.773	385.432
江苏	1680.901	296.769	732.143
浙江	1786.799	298.794	672.960
安徽	3498.948	1818.303	1393.955
福建	2387.407	813.634	1068.890
江西	3668.239	1906.914	1518.116
山东	2007.210	739.737	830.799
河南	3027.918	1664.469	1099.511

续表

省份/地区	人均转移支付	人均一般性转移支付	人均专项转移支付
湖北	3653.937	2567.053	747.725
湖南	3596.664	1825.144	1459.271
广东	804.594	153.325	135.427
广西	3815.997	2096.027	1412.452
四川	3620.366	1937.285	1399.520
贵州	4827.314	2595.642	1871.432
云南	4409.444	1897.543	1935.813
陕西	4468.478	2212.124	1905.896
甘肃	5838.529	3010.400	2463.563
青海	14649.231	6953.213	7363.128
宁夏	8330.475	4532.182	3432.188
新疆	7702.416	3951.190	3394.631
东部地区	2461.261	896.154	859.026
中部地区	3815.521	1991.652	1481.221
西部地区	6468.573	3259.595	2826.870

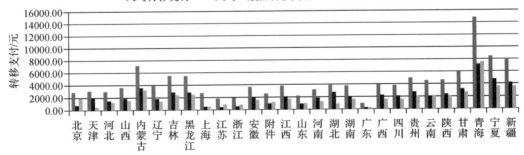

图 3 2012 年各省份人均转移支付、人均一般性及专项转移支付

3. 控制变量选择和模型变量描述统计

在相关文献中,研究者认为人口密度、人均受教育年限、对外开放程度、人均收入等是影响地方财政支出效率的重要因素。例如,Grosssman(1999)等认为人口规模大,提供公共服务就会出现规模经济,提高支出效率。Putnam(2000)研究指出,居民期望拥有一个更好的政府,实际上这个目标的实现至少部分依赖于居民自身的努力。政治参与和对政府进行监督会促使政府官员表现出更高的效率意识。而居民受教育水平正是这些行为和能力的优良代理变量①。De Borger 等(1996)等研究认为与人们的直觉相反,在收入高的地区,政府供养大量公职人员,政府运行成本扩张导致效率降低。鉴于此,模型加入反映地方财政收入的变量。对这个变量,考虑到中国地方财政存在有偏的支出结构,因此加入人均社会性支出和人均经济支出这两个指标②。此外,中国学者陈诗一和张军(2008)、王伟同(2011)认为对外开放程度、产业结构和国有经济比重会影响政府支出效率。因此,本文加入了这些特征变量。其中对外开放程度,本文采用进出口总额占 GDP 比重来表示。此外,考虑到资源禀赋对支出效率的影响,在模型中还加入物质资本存量、金融发展水平、每万名公职人员职务犯罪立案数、少儿抚养比、老年人抚养比这些反映地区特征的变量。

就制度变量而言,在财政分权治理框架下,讨论财政分权治理与地区竞争对地方财政支出效率影响的文献非常丰富。例如 Faguet(2004)利用玻利维亚数据分析财政分权治理与政府供给公共服务有效性的关系,Bratton 等(2012)考察了非洲撒哈拉地区实施分权治理改革后的政府支出效率。这些研究比较一致地支持向地方分权治理,提高地方政府财政自主度,会提高政府支出效率。而对于地区竞争对政府支出效率效应的研究则不尽一致。虽然 Weingast(2003)认为在"市场维护型财政联邦主义"框架下,地区间竞争会提高财政支出效率,但陶然等(2009)、李永友(2015)研究表明中国地方政府间的竞争导致公共品供给的短缺。因此,本文将分别实证这两个制度变量以及地区竞争与转移支付交互项对各省份财政支出效率的影响。对于财政分权治理度量,

---

① Deininger 等(2015)对乌干达地方政府责任的研究发现,乌干达有关反腐的制度已经存在,而且也成立了具体的反腐执行机构,但是真正使用这些制度就腐败以及低水平公共服务进行申诉的家庭却很少。其中主要原因在于家庭关于如何申诉上述问题的知识非常缺乏。因而,将受教育水平作为本地居民对政府官员所施加的压力是合适的。

② 对社会支出包括预算科目中的文教科卫、社会保障、支援不发达地区、社会救助和抚恤救济支出,经济性支出包括基本建设、科技三项、流动资金、挖潜改造、地质勘探、工交商业流通事业费、农业开发支出、农林水气象部门事业费、城市维护建设和海域开发建设支出。

本文根据 1994 年我国分税体制形成的收入分配关系，将计算公式设为财政分权治理（地方一般预算内财政收入－上解支出）/（税务部门征收的税收收入＋财政部门征收的契税、耕地占用税＋财政部门征收的非税收入）。这个指标类似于财政自主度，刻画了地方政府对本地税收的控制力度，类似于 Weingast(2013)等所描述的财政留存率。从 2012 年的数据看，财政收入分权治理程度最高的是重庆市，为 67.79%，其次是辽宁省，为 65.09%，最低的是上海市，为 35.47%。对于省域内部竞争激烈程度，本文沿用 Hatfield 和 Kosec(2013)的方法，使用省域内县市政府数量来度量地区内政府间竞争程度。表 5 给出了模型中所有变量的描述性统计。对于财政分权治理变量，分权治理程度最高的是辽宁省，为 0.651，最低的是上海市，为 0.306。对于地区竞争变量，竞争最激烈的是河南省，这个省有 181 个县（市、区），最低的是北京市，只有 16 个区。

表 5　回归模型中变量的描述性统计

变量	均值	最大值	最小值
被解释变量			
各省份财政支出效率	0.894	1.000	0.785
核心解释变量			
人均转移支付/(元·人$^{-1}$)	2919.041	14649.231	608.769
人均一般性转移支付/(元·人$^{-1}$)	1341.497	6953.213	27.895
人均专项性转移支付/(元·人$^{-1}$)	1227.981	7855.971	50.199
财政分权程度/%	0.503	0.651	0.306
地区竞争程度/省域内县(市、区)个数	99.284	181.000	16.000
控制变量			
人口密度/(人·平方公里$^{-1}$)	436.544	3754.325	7.637
对外开放程度/%	0.342	1.799	0.036
人均受教育年限/年	8.811	11.869	7.071
经济增长率	12.866	22.892	5.400
物质资本存量(对数值)	9.007	10.559	6.409
人均社会性支出(对数值)	8.132	9.296	6.868
人均经济性支出(对数值)	7.262	8.744	5.863

变量	均值	最大值	最小值
腐败案件立案数/(件·万名公职人员⁻¹)	24.758	46.191	9.163
产业结构/%	0.355	0.756	0.189
国有经济比重/%	0.544	0.763	0.207
政府规模/%	0.207	0.612	0.081
少儿抚养比	22.964	42.220	9.640
老年人抚养比	12.195	18.320	7.440
金融发展水平	2.529	6.502	0.747

(二)实证结果

表6至表8给出了实证结果。其中表6以全国所有地区为对象,反映人均转移支付对各省份财政支出效率的影响。在模型2和模型6中,人均转移支付和人均专项转移支付的回归系数显著为负,这表明其对支出效率的直接影响是降低了地方财政支出效率,这与范子英(2013)的转移支付导致了地方政府基础设施投资增加,进而诱发了腐败、降低了支出效率的研究结论相一致。表7和表8以人均一般性转移支付为转移支付变量,其回归系数虽然不显著,但同样为负。另外两个核心变量财政分权治理和地区竞争对支出效率的影响也与已有研究结论相一致。在模型中,财政分权程度的回归系数尽管不显著,但在所有模型中系数均为正,这表明更多的财政分权治理会提高地方财政支出效率。而地区竞争变量的系数在多数模型中显著为负,说明中国地区间的竞争没有导致公共服务的有效供给,这与陶然(2009)、柳庆刚和姚洋(2012)、李永友(2015)的研究结论相同。转移支付与地区竞争的交互项是本文关心的影响财政支出效率的机制渠道。从表6中模型2看,人均转移支付与地区竞争的交互项显著为正,这表明转移支付对地方财政支出效率没有产生积极效应,反而进一步恶化了地区竞争对地方政府回应性的负面效应,也就是转移支付对地方政府财政支出效率的影响是负面的,这一结论同样适用于专项转移支付。在表7和表8中,人均一般性转移支付与地区竞争的交互项虽然统计不够显著,但都是为正的,同样验证了转移支付恶化地区竞争的结论。

从各控制变量看,人均受教育年限显著提高了地方财政支出效率,这与人们的直觉相符合。而经济增长速度、物质资本存量和人均社会性支出的影响系数都不够显著,只有人均经济性支出具有微弱的正向影响,这说明快速经济增长、优良的物质资源禀赋和更多财政支出不一定会带来政府支出效率的提高,精细化和严格规范的政府运行程序也许更重要。在多数模型中,国有经济比重的回归系数显著为负,这表明政府更多地干预社会经济活动会导致支出效率下降。

表6　回归结果之一:人均一般性转移支付与各省份财政支出效率

解释变量	模型 1	模型 2
人口密度	0.001(0.33)	0.002(0.69)
贸易依存度	3.787(0.69)	3.787(0.69)
人均受教育年限	6.197*(1.88)	6.561**(2.01)
经济增长率	−0.187(−0.73)	−0.13(−0.51)
物质资本存量(对数值)	4.127(0.64)	5.565(0.86)
人均社会性支出(对数值)	−8.301(1.12)	−11.295(−1.50)
人均经济性支出(对数值)	0.004**(2.07)	0.004**(2.28)
腐败案件立案数	−0.078(−0.73)	−0.097(−0.91)
产业结构	7.356(−0.67)	6.082(−0.56)
国有经济比重	−21.855*(−1.76)	−27.608**(−2.16)
政府规模	16.575(0.5)	21.013(0.63)
少儿抚养比	−0.024(−0.07)	0.017(−0.05)
老年人抚养比	0.317(0.73)	0.162(0.37)
金融发展水平	0.096(0.04)	0.871(−0.38)
财政分权程度	22.035(1.27)	25.885(1.49)
地区竞争程度	−1.116(−1.63)	−2.300**(−2.40)
人均转移支付	−4.423(−1.31)	−60.843*(−1.87)
人均转移支付与地区竞争的交互项目项		55.814*(1.94)
R^2	0.3620	0.3788
时间效应	显著	显著
Hausman 检验	固定效应	固定效应

注:***、**、*分别表示显著性水平为1%、5%和10%。

表7　回归结果之二:人均一般性转移支付与各省份财政支出效率

解释变量	模型 3	模型 4
人口密度	0.001(0.31)	0.002(0.60)
贸易依存度	5.409(0.86)	4.891(0.77)
人均受教育年限	3.981(1.19)	4.314(1.29)
经济增长率	−0.219(−0..84)	−0.198(−0.76)
物质资本存量(对数值)	1.516(0.22)	2.765(0.40)
人均社会性支出(对数值)	−7.562(−0.92)	−9.918(−1.17)
人均经济性支出(对数值)	0.005**(2.40)	0.005**(2.46)
腐败案件立案数	−0.063(−0.57)	−0.071(−0.65)
产业结构	12.387(1.14)	11.511(1.05)
国有经济比重	−20.555(−1.56)	−24.117*(−1.78)
政府规模	18.105(0.52)	21.258(0.61)
少儿抚养比	−0.052(−0.15)	−0.023(−0.06)
老年人抚养比	0.336(0.74)	0.214(0.46)
金融发展水平	−0.403(−0.17)	0.276(−0.11)
财政分权程度	21.251(1.22)	23.944(1.36)
地区竞争程度	−1.531**(−2.18)	−2.247**(−2.33)
人均一般性转移支付	1.337(0.83)	−34.932(1.04)
人均一般性转移支付与地区竞争的交互项		36.131(1.08)
R^2	0.3632	0.3703
时间效应	显著	显著
Hausman 检验	固定效应	固定效应

注:***、**、*分别表示显著性水平为1%、5%和10%。

表 8　回归结果之三：人均专项转移支付与各省份财政支出效率

解释变量	模型 5	模型 6
人口密度	0.002(0.46)	0.003(0.75)
贸易依存度	2.892(0.51)	2.625(0.46)
人均受教育年限	4.324(1.3)	4.634(1.4)
经济增长率	−0.238(−0.91)	−0.214(−0.81)
物质资本存量(对数值)	2.393(0.34)	3.596(0.51)
人均社会性支出(对数值)	−8.618(−1.03)	−10.955(1.27)
人均经济性支出(对数值)	0.004**(2.22)	0.004**(2.31)
腐败案件立案数	−0.075(0.68)	−0.082(−0.74)
产业结构	11.781(1.07)	10.935(1.0)
国有经济比重	−19.348(−1.48)	−23.190*(−1.71)
政府规模	19.671(−0.57)	22.79(−0.66)
少儿抚养比	−0.048(−0.13)	−0.018(−0.05)
老年人抚养比	0.291(0.64)	0.169(0.36)
金融发展水平	−0.464(0.19)	0.25(0.10)
财政分权程度	21.467(1.23)	24.247(1.37)
地区竞争程度	−1.424**(−2.03)	−2.181**(2.24)
人均专项转移支付	−0.469(−0.38)	−37.223*(−1.91)
人均专项转移支付与地区竞争的交互项		37.639*(1.93)
R^2	0.3599	0.3677
时间效应	显著	显著
Hausman 检验	固定效应	固定效应

注:***、**、*分别表示显著性水平为 1%、5%和 10%。

五、结　语

本文首先通过四阶段 DEA 和 Bootstrapped-DEA,有效消除了外生环境因素和随机扰动的干扰,得到 2007—2012 年中国 28 个省区市的政府支出效率。在此基础上考察了转移支付对地方政府财政支出效率的影响。实证结果表明,从转移支付自身看,人均一般性转移支付和人均专项转移支付会显著地降低地方财政支出效率;人均一般性转移支付对财政支出的影响并不明显。从转移支付与地区竞争的交互作用看,地区竞争显著地降低了地方政府财政支出效率,而人均转移支付和人均专项转移支付显著地强化了地区竞争对财政支出效率的负面作用。这些实证结果具有的政策含义是:中国转移支付虽然在一定程度上发挥了均等地区财力的作用,但其自身制度设计还需要进一步优化完善,以充分发挥其引导激励功能。仅仅在一般性转移支付和专项转移支付这两种拨款方式之间进行转换,对实现地方财政支出效率而言是远远不够的,政策重心应该更多地放置在各类转移支付的具体制度设计上。

主要参考文献

[1] Afonso A,Fernandes S,2008. Assessing and explaining the relative efficiency of local government. The Journal of Socio-Economics,37(5):1946-1979.

[2] Barankay I,Lockwood,2007. Decentralization and the productive efficiency of government:evidence from Swiss cantons. Journal of Public Economics,91(5/6):1197-1218.

[3] Bratton M,2012. Citizen perceptions of local government responsiveness in Sub-Saharan Africa. World Development,40(3):516-527.

[4] Faguet J P,2004. Does decentralization increase government responsiveness to local needs:evidence from Bolivia. Journal of Public Economics,88(3):867-893.

[5] Fried H O,Schmidt S S,Yaisawarng S,1999. Incorporating the operating environment into a nonparametric measure of technical efficiency. Journal of Productivity Analysis,12(3):249-267.

[6] Grossman P J,Mavros P,Wassmer R W,1999,Public sector technical inefficiency in large US cities. Journal of Urban Economics,46(2):278-299.

[7] Hatfield J W,Kosec K,2013,Federal competition and economic growth.

Journal of Public Economics，97：144-159.

[8] Simar L，Wilson P，2000. Statistical inference in nonparametric frontier models：the state of the art. Journal of Productivity Analysis，13：49-78.

[9] Weingast B，2013. Second generation fiscal federalism：political aspects of decentralization and economic development. World Development，53：14-25.

[10] Worthington A C，2000. Cost efficiency in Australian local government：a comparative analysis of mathematical programming anf econometrical approaches. Financial Accountability & Management，16(3)：201-223.

[11] 陈刚，李树. 2010.中国地方政府的社会性支出：效率及其决定因素.南方经济，28(10)：3-17.

[12] 伏润民，常斌，缪小林，2008.我国省对县（市）一般性转移支付的绩效评价——基于 DEA 二次相对效益模型的研究.经济研究，43(11)：62-73.

[13] 李华，任龙洋，2013.财政分权、预算约束与地方公共品供给效率.当代财经，3：35-43.

[14] 李秀敏，2007.人力资本、人力资本结构与区域协调发展——来自中国省级区域的证据.华中师范大学学报（人文社会科学版），46(3)：47-56.

[15] 李永友，2015.转移支付与地方政府间财政竞争.中国社会科学，10：114-133.

[16] 柳庆刚，姚洋，2012.地方政府竞争和结构失衡.世界经济，35(12)：3-22.

[17] 陶然，2009.地区竞争格局演变下的中国转轨：财政激励和发展模式反思.经济研究，44(7)：21-33.

附表 1　2007—2009 年各省份初始 DEA、四阶段 DEA 以及 Bootstrapped-DEA 效率

省份	2007 年			2008 年			2009 年		
	初始 DEA 效率	四阶段 DEA 效率	Bootstrapped 修正效率	初始 DEA 效率	四阶段 DEA 效率	Bootstrapped 修正效率	初始 DEA 效率	四阶段 DEA 效率	Bootstrapped 修正效率
北　京	0.940	0.990	0.885	0.942	0.960	0.867	0.647	0.950	0.859
天　津	0.834	0.857	0.771	0.722	0.775	0.699	0.517	0.848	0.785
河　北	1.000	0.853	0.821	1.000	0.855	0.824	1.000	0.791	0.754
山　西	0.769	0.887	0.853	0.833	0.887	0.854	0.733	1.000	0.953
内蒙古	0.564	0.811	0.778	0.556	0.825	0.793	0.410	0.844	0.815

续表

省份	2007 年			2008 年			2009 年		
	初始 DEA 效率	四阶段 DEA 效率	Bootstrapped 修正效率	初始 DEA 效率	四阶段 DEA 效率	Bootstrapped 修正效率	初始 DEA 效率	四阶段 DEA 效率	Bootstrapped 修正效率
辽　宁	0.725	0.858	0.813	0.722	0.908	0.867	0.630	0.981	0.930
吉　林	0.753	1.000	0.962	0.693	0.921	0.889	0.599	0.889	0.859
黑龙江	0.678	0.936	0.901	0.647	0.915	0.878	0.629	0.906	0.879
上　海	1.000	1.000	0.827	1.000	1.000	0.825	1.000	1.000	0.836
江　苏	0.998	0.893	0.832	0.999	0.879	0.819	1.000	0.842	0.774
浙　江	0.991	0.894	0.821	1.000	0.923	0.855	0.966	1.000	0.915
安　徽	0.982	0.824	0.781	0.903	0.865	0.833	0.880	0.812	0.791
福　建	0.830	0.920	0.885	0.831	0.909	0.874	0.859	0.878	0.837
江　西	0.961	0.915	0.873	0.880	0.944	0.907	0.868	0.873	0.850
山　东	0.888	0.871	0.839	0.947	0.816	0.786	0.951	0.752	0.724
河　南	1.000	0.758	0.724	1.000	0.752	0.720	1.000	0.845	0.820
湖　北	0.920	1.000	0.957	0.884	1.000	0.952	0.840	0.886	0.861
湖　南	0.947	0.876	0.838	0.887	0.883	0.844	0.889	0.911	0.886
广　东	0.861	0.830	0.789	0.958	0.814	0.773	1.000	0.674	0.631
广　西	0.961	0.825	0.782	0.897	0.908	0.874	0.916	0.875	0.852
四　川	0.926	1.000	0.946	0.670	0.913	0.879	0.698	0.869	0.846
贵　州	0.945	0.942	0.896	0.871	0.934	0.900	0.850	0.942	0.918
云　南	0.792	0.891	0.843	0.748	0.932	0.897	0.717	0.934	0.910
陕　西	0.795	0.930	0.895	0.747	0.952	0.918	0.665	0.880	0.851
甘　肃	0.773	0.934	0.889	0.658	0.946	0.907	0.649	0.945	0.921
青　海	0.422	0.874	0.841	0.477	0.855	0.825	0.351	0.817	0.795
宁　夏	0.518	0.831	0.796	0.481	0.761	0.725	0.442	0.884	0.858
新　疆	1.000	1.000	0.883	0.976	1.000	0.896	0.602	0.874	0.831

附表 2 2010—2012 年各省份初始 DEA、四阶段 DEA 以及 Bootstrapped-DEA 效率

省份	2010 年			2011 年			2012 年		
	初始 DEA 效率	四阶段 DEA 效率	Bootstrapped 修正效率	初始 DEA 效率	四阶段 DEA 效率	Bootstrapped 修正效率	初始 DEA 效率	四阶段 DEA 效率	Bootstrapped 修正效率
北 京	0.938	1.000	0.924	0.956	1.000	0.899	0.943	1.000	0.909
天 津	0.534	0.854	0.820	0.464	0.855	0.817	0.418	0.853	0.824
河 北	1.000	0.958	0.931	1.000	0.862	0.832	0.985	0.878	0.851
山 西	0.838	1.000	0.973	0.833	0.914	0.887	0.790	0.905	0.877
内蒙古	0.527	0.882	0.860	0.483	0.883	0.855	0.471	0.938	0.907
辽 宁	0.710	0.892	0.867	0.668	0.960	0.926	0.629	0.987	0.952
吉 林	0.673	0.938	0.913	0.643	0.929	0.901	0.642	0.928	0.900
黑龙江	0.663	0.929	0.903	0.653	0.848	0.817	0.661	0.874	0.848
上 海	1.000	1.000	0.880	1.000	1.000	0.848	1.000	1.000	0.855
江 苏	1.000	0.915	0.864	1.000	0.908	0.830	1.000	1.000	0.913
浙 江	0.981	0.981	0.940	1.000	0.999	0.935	1.000	1.000	0.922
安 徽	0.844	0.922	0.899	0.816	0.873	0.843	0.804	0.866	0.839
福 建	0.914	0.972	0.946	0.924	0.945	0.918	0.907	0.955	0.925
江 西	0.836	0.872	0.849	0.798	0.861	0.832	0.793	0.852	0.824
山 东	0.940	0.827	0.805	0.973	0.797	0.772	0.957	0.814	0.789
河 南	1.000	0.865	0.838	1.000	0.816	0.780	0.958	0.760	0.737
湖 北	0.850	0.940	0.913	0.821	0.936	0.897	0.817	0.901	0.873
湖 南	0.868	0.941	0.912	0.845	0.868	0.834	0.856	0.859	0.828
广 东	0.924	0.839	0.817	0.947	0.826	0.794	0.958	0.850	0.814
广 西	0.852	0.884	0.862	0.822	0.834	0.806	0.832	0.867	0.841

续表

省份	2010 年			2011 年			2012 年		
	初始DEA效率	四阶段DEA效率	Bootstrapped修正效率	初始DEA效率	四阶段DEA效率	Bootstrapped修正效率	初始DEA效率	四阶段DEA效率	Bootstrapped修正效率
四　川	0.689	0.919	0.894	0.778	0.924	0.890	0.788	0.915	0.883
贵　州	0.806	0.974	0.950	0.698	0.923	0.892	0.672	0.909	0.881
云　南	0.725	0.991	0.966	0.713	0.899	0.869	0.693	0.909	0.882
陕　西	0.780	0.885	0.861	0.720	0.902	0.874	0.705	0.882	0.854
甘　肃	0.639	1.000	0.968	0.650	1.000	0.955	0.665	1.000	0.961
青　海	0.355	0.859	0.837	0.340	0.860	0.833	0.320	0.871	0.841
宁　夏	0.417	0.854	0.829	0.427	0.791	0.761	0.497	0.866	0.830
新　疆	0.928	1.000	0.929	0.781	1.000	0.907	0.617	0.970	0.898

Intergovernmental Transfer and the Efficiency of Local Governmental Fiscal Expenditure under the Context of Decentralized Governance

—Based on Four-stage DEA and Bootstrapped-DEA

Abstract: Under the context of decentralized governance, can intergovernmental transfer payments improve the efficiency of local governmental fiscal expenditure? This is related to the reform of financial system and the improvement of public service quality. Based on the four-stage DEA and Bootstrapped-DEA empirical framework, this paper uses China's provincial data from 2007 to 2012 to study it. The research shows that: (1) from the perspective of transfer itself, general transfer and earmark transfer will significantly reduce the efficiency of local fiscal expenditure; (2) from the interaction between intergovernmental transfer and regional competition, regional competition significantly reduces the efficiency of local government fiscal expenditure, while general transfer and earmark transfer significantly enhance the negative effects of regional competition on the efficiency of local governmental fiscal expenditure; (3) no matter from which point of view, general transfer has no positive effect on the efficiency of local governmental fiscal expenditure. This shows that, in terms of improving the efficiency of local government fiscal expenditure, it is not enough to change earmark transfer into general transfer. The policy focus should be placed more on the specific system design of various types of intergovernmental transfer.

Key words: decentralized governance; intergovernmental transfer; the efficiency of local governmental fiscal expenditure

我国优质高等教育机会省际不均等的成因研究[*]

◎张雷宝　郑彬博

摘　要:本文选取"C9联盟"、"985大学"以及"211大学"等三个层面的"名校"在全国31个省区市的录取率指标来刻画我国优质高等教育机会的省际不均等程度,运用大量省际面板数据来探寻这种机会不均等现象背后的复杂成因。研究表明:2013—2015年间我国优质教育机会的省际不均等程度总体上呈现扩大化趋势(如"C9联盟"、"985大学"和"211大学"等三层次"名校"各省区市录取率的变异系数估值在三年间分别扩大了25.00%、9.09%和28.30%;辖区经济发展水平、辖区教育经费投入以及"名校"的区域分布是影响我国优质高等教育机会省际不均等的三个重要变量(同时证伪了相关理论假设)。换而言之,经济因素、财政因素和地理因素等共同解释了我国优质高等教育机会的省际不均等现象。最后,本文提出了优质高等教育机会省际"大致均等"目标、克服优质高等教育生源过度地方化倾向等对策建议。本研究对促进我国优质高等教育的相对公平提供了有益的参考。

关键词:优质高等教育;省际不均等;地方化倾向

一、引　言

众所周知,2016年4月我国教育部会同发改委给各地下发的《2016年部分地区跨省生源计划调控方案》引起了一定的社会震动,特别是减招较多的湖北、江苏、浙江等

　*　基金项目:浙江省教改项目"基于'四力协同'理念的研究生培养质量提升研究"。
　张雷宝,浙江财经大学研究生院,浙江财经大学财政税务学院,la_bor@zufe.edu.cn;郑彬博,浙江财经大学研究生院,浙江财经大学财政税务学院,736857737@qq.com。

省份的反对意见较大。这一事件使得高等教育公平问题再次回到公众的视野并触发了激烈的争论。从现有文献来看,近年来我国高等教育的非均等化问题(通常从入学机会的非均等化角度来度量)的确存在且成因复杂。钟秉林和赵应生(2007)刻画了我国高等教育大众化进程中教育公平的五个特征,指出高等教育入学机会总量增加,但区域失衡和阶层分化正在加剧。乔锦忠(2007)通过构建绝对公平指数和相对公平指数得出中部塌陷的结果,并指出优质院校的空间分布和政策扶持是造成优质高等教育入学机会区域差异的重要原因。乔锦忠(2007)认为高等教育获得机会省际不平衡的原因在于部属高校管理体制引起的利益之争、高等教育区域分布严重失衡、高招计划分配中的各方力量博弈以及对弱势群体的忽视。从历史层面看,中国高等教育体系中优质资源的区域分布经历了“东强西弱,呈阶梯状分布”到“东西强、中部弱”的演变过程,指出这种演变过程既与我国经济文化发展变迁的影响直接相关,也与政府的政策导向密切相连(宋争辉,2012)。优质高等教育机会的区域差异相对凸显,且近年来这一格局日趋固化(杨江华,2014)。总体上,已有研究文献的一个基本共识是:由于我国高等教育招生采取指标分省定额与分省录取形式,受多种因素制约计划指标的分配往往厚此薄彼,从而导致省际的高等教育获得机会相差甚远,个体难以平等地享有高等教育(尤其是优质“名校”)机会,甚至引发了大量“高考移民”等不良现象。当然,现有研究也存在一些明显的不足或缺陷。例如,基于我国高等教育区域差异情况的定性分析或理论探讨较多,而实证研究层面的证据支撑和精细论证则较少。

本文立足于大众型高等教育的现实背景,着重对我国优质高等教育机会非均等化现象及其成因问题展开实证研究。创新之处在于:(1)将优质高等教育资源而非普通高等教育资源设定为非均等化研究的对象,更贴近现实且视角较新。事实上,在高校扩招政策刺激下,我国高校毕业生不断增加,各地用人单位也越来越注重毕业生母校的地位(即“英雄要问出处”),因此,辖区高等教育资源的竞争已逐渐升级为对优质高等教育资源的竞争。(2)立足相关假设,选取“C9 联盟”、“985 大学”以及“211 大学”等三个层面的高校在全国 31 个省级地区的录取率来刻画我国优质高等教育的省际不均等程度,运用大量省际面板数据探寻我国优质高等教育机会不均等背后的复杂成因并验证相关假设,进一步丰富和充实高等教育公平领域的研究。

二、我国优质高等教育的省际机会不均等程度描述

经过多年的高校招生规模扩张,目前我国高等教育基本实现了精英型向大众型的

跨越式转变,高等教育资源的稀缺性已经大大降低,但不同区域之间高等教育发展水平的差异依然较为显著,优质高等教育资源的严重短缺与社会公众对高质量高等教育的迫切需求之间的矛盾已日渐显现(钟秉林等,2007)。近现代以来,中国优质高等教育资源的区域分布一直处于非均衡化状态,且处在不断发展和变化过程中(宋争辉,2012)。那么,如何认定或界定高等教育资源的优质性?本文认为,在不严格的假设条件下,"C9联盟"、"985大学"以及"211大学"无疑可视为我国高等教育体系中不同层次的优质资源(即传统意义上的"名校")[①]。显然,优质高等教育资源是促进经济社会持续发展的重要动力,对区域间教育公平有深刻影响。为简化研究并考虑样本数据的可获得性,本文借助"C9联盟"(9所)、"985大学"(首批34所)以及"211大学"(120所)等三个不同层次高校在全国31个省级地区的录取率指标,来对我国优质高等教育的省际机会不均等问题进行刻画(见表1)。

表1 2013—2015年间我国优质教育机会不均等程度及其区域分布(以录取率为例)

省份	2013年			2014年			2015年		
	"C9联盟"录取率	"985大学"录取率	"211大学"录取率	"C9联盟"录取率	"985大学"录取率	"211大学"录取率	"C9联盟"录取率	"985大学"录取率	"211大学"录取率
北京	0.94%	4.15%	14.67%	0.90%	3.63%	12.75%	0.86%	3.56%	12.85%
天津	0.45%	5.47%	13.46%	0.50%	4.76%	12.61%	0.45%	4.73%	12.41%
河北	0.14%	1.04%	4.23%	0.18%	1.38%	4.89%	0.16%	1.38%	4.84%
山西	0.15%	1.08%	4.81%	0.19%	1.21%	4.99%	0.19%	1.23%	4.80%
内蒙古	0.15%	1.33%	6.49%	0.17%	1.38%	6.04%	0.16%	1.34%	5.81%
辽宁	0.19%	2.13%	6.18%	0.23%	2.15%	6.16%	0.23%	2.22%	6.29%
吉林	0.27%	3.21%	9.07%	0.30%	3.16%	8.69%	0.32%	3.50%	9.74%
黑龙江	0.54%	1.88%	6.95%	0.59%	1.91%	6.87%	0.57%	1.91%	6.99%

① "C9联盟"是2009年10月启动的首批985重点建设的9所一流大学(北京大学、清华大学、浙江大学、复旦大学、上海交通大学、南京大学、中国科学技术大学、哈尔滨工业大学、西安交通大学),被国际上称为中国常春藤盟校。"985大学"是我国政府为建设若干所世界一流大学和一批国际知名的高水平研究型大学而实施的建设工程(本文选取第一轮的34所高校为研究样本)。"211大学"则指我国政府面向21世纪重点建设的100所左右的高等学校和一批重点学科的建设工程(本文选取全部120所高校为研究样本)。

续表

省份	2013 年			2014 年			2015 年		
	"C9 联盟"录取率	"985 大学"录取率	"211 大学"录取率	"C9 联盟"录取率	"985 大学"录取率	"211 大学"录取率	"C9 联盟"录取率	"985 大学"录取率	"211 大学"录取率
上海	2.18%	4.06%	16.03%	2.13%	3.73%	12.89%	2.08%	3.67%	12.38%
江苏	0.40%	1.29%	5.34%	0.42%	1.32%	5.19%	0.42%	1.38%	5.36%
浙江	1.04%	2.02%	4.75%	0.63%	1.58%	4.28%	0.65%	1.68%	4.60%
安徽	0.13%	0.99%	4.09%	0.17%	1.01%	4.00%	0.17%	1.02%	4.06%
福建	0.19%	1.70%	5.02%	0.22%	1.73%	5.09%	0.29%	2.26%	6.53%
江西	0.19%	1.63%	6.41%	0.19%	1.36%	5.01%	0.18%	1.28%	4.64%
山东	0.14%	1.57%	4.72%	0.14%	1.46%	4.36%	0.15%	1.47%	4.39%
河南	0.11%	0.92%	4.41%	0.13%	1.06%	4.03%	0.13%	1.01%	3.84%
湖北	0.14%	1.76%	5.22%	0.17%	1.84%	5.26%	0.19%	1.99%	5.65%
湖南	0.17%	1.75%	5.07%	0.19%	1.58%	4.73%	0.19%	1.51%	4.54%
广东	0.07%	1.38%	2.64%	0.09%	1.24%	2.42%	0.09%	1.27%	2.82%
广西	0.13%	1.17%	4.26%	0.14%	1.18%	4.58%	0.15%	1.24%	4.92%
海南	0.20%	1.70%	7.96%	0.21%	1.59%	7.39%	0.19%	1.56%	8.04%
重庆	0.17%	2.10%	5.78%	0.18%	1.92%	5.30%	0.20%	1.99%	5.58%
四川	0.14%	1.43%	4.84%	0.16%	1.34%	4.44%	0.16%	1.31%	4.30%
贵州	0.14%	1.17%	6.20%	0.15%	1.09%	5.23%	0.14%	0.97%	4.69%
云南	0.14%	1.27%	4.69%	0.15%	1.21%	4.46%	0.16%	1.17%	4.27%
西藏	0.24%	1.33%	12.85%	0.25%	1.36%	15.48%	0.25%	1.50%	16.91%
陕西	0.36%	1.21%	5.27%	0.40%	1.48%	5.59%	0.45%	1.54%	5.63%
甘肃	0.14%	1.39%	3.86%	0.16%	1.30%	3.69%	0.17%	1.29%	3.58%
青海	0.36%	2.83%	15.79%	0.40%	2.62%	13.85%	0.36%	2.46%	12.50%

续表

省份	2013 年			2014 年			2015 年		
	"C9 联盟"录取率	"985 大学"录取率	"211 大学"录取率	"C9 联盟"录取率	"985 大学"录取率	"211 大学"录取率	"C9 联盟"录取率	"985 大学"录取率	"211 大学"录取率
宁夏	0.27％	2.20％	11.86％	0.33％	2.12％	10.85％	0.27％	1.86％	9.22％
新疆	0.16％	1.34％	8.78％	0.17％	1.43％	8.47％	0.18％	1.43％	8.99％
均值	0.32％	1.89％	7.15％	0.33％	1.81％	6.76％	0.23％	1.49％	5.06％
最大最小倍数	31.14	5.95	6.07	23.67	4.71	6.39	23.11	4.88	5.99
变异系数	1.28	0.55	0.53	1.15	0.49	0.51	1.60	0.60	0.68

资料来源:根据中国教育在线数据整理,各省份录取率＝各省当年招生数/各省当年高考报名人数×100％,各省份当年招生数由笔者对中国教育在线的各省份各专业招生计划数加总整理而得。变异系数 CV＝(标准偏差 SD / 平均值 Mean)× 100％。

由表 1 可知,我国优质教育机会不均等问题依然较为突出。从纵向来看,近年来我国优质教育机会不均等程度呈现"先降后升、有所扩大"的态势。例如,"C9 联盟"录取率的区域变异系数从 2013 年的 1.28 降至 2014 年的 1.15,又在 2015 年升至 1.60,"985 大学"录取率的区域变异系数先从 0.55 降至 0.49 后又升至 0.60,"211 大学"录取率的区域变异系数也大致如此(从 0.53 降至 0.51 又猛烈反弹至 0.68)。也就是说,虽然中间年份有所波动,但我国优质高等教育的省际机会不均等程度还是扩大了。从横向来看,优质高等教育机会非均等问题显得更为突出(如 2013 年"C9 联盟"录取率指标的极差倍数高达 31.14)。为克服各省份年度数据的变异现象,这里以 2013—2015 年间的三年平均数进行比较。从"C9 联盟"录取率的三年平均指标来看,上海是唯一高于 2％的地区("C9 联盟"中上海高校占两席),其他地区均未超过 1％(排名第 2 的北京为 0.90％),排名末位的是广东(0.08％)。应指出,2015 年上海交通大学在上海的招生数为 627 人,在当年仅 5.1 万人的高考报名人数中占较大比重,从而使该指标遥遥领先。而排名靠后的省份既与该区域未含有"C9 联盟"有关,也与这些省份的高考人数居高不下有关(如四川高考报名数最高为 75.4 万人)。再从"985 大学"三年录取率平均值来看,天津(4.99％)、北京(3.78％)、上海(3.82％)、吉林(3.

29％)、青海(2.64％)分别排名前 5 位,河南(1.00％)、安徽(1.01％)、贵州(1.08％)、山西(1.17％)和广西(1.20％)则分列倒数五位;从 211 大学三年录取率的平均指标来看,高于 10％的省份只有西藏(15.08％)、青海(14.05％)、上海(13.77％)、北京(13.42％)、天津(12.83％)以及宁夏(10.64％),上述六省份就占了全国总量的 37.26％。

值得指出的是,从"211 大学"所涵盖的 120 所重点高校录取率指标及排名来看,尽管北京、上海、天津等名校资源较发达地区依然占据较高的位次,但一些西部省份(如西藏、青海、宁夏、新疆等地区)的录取率排名都有大幅提升。显然,这既与该地区高考报名人数较少有关,更与倾斜性的民族高等教育政策息息相关。例如,2015 年西藏、青海、宁夏等地区的高考报名数分别为 2.26 万人、4.27 万人和 6.77 万人,但该区域考生由于能享受到国家专项招生计划的照顾,从而对其录取率的高排位做出了一定解释。当然,这在一定程度上也引发了社会关注的"高考移民"问题,导致了另一个层面的不公平问题。可以说,西部高等教育资源绝对量缺乏,但相对于西部的人口与经济来说并不处于劣势(薛颖慧等,2002)。浙江省录取率的巨大变化也值得关注。从"C9 联盟"录取率全国排名第 3 位到"211 大学"录取率全国排名第 23 位,就是因为浙江仅有一所"211 大学"同时也是"985 大学"的高校(即浙江大学)。

在高考生源同质假设条件下,优质高等教育资源就应在全国范畴内均等化配置,也就是说实行全国统一的招生录取率政策是公平合理的。基于此认识,表 2 给出了这一理想假设条件下,统一录取率后各省份的招生人数的损益情况。基本结论是:(1)北京、天津、上海、福建、吉林、黑龙江、西藏、陕西、青海、宁夏等 10 个省份的三类优质高校招生调整指标皆为负数。这意味着这些省份存在优质资源过度配置问题,或者说倾斜政策过度化问题。(2)广东、山东、河南、山西、安徽、江西、广西、四川、河北、贵州、云南、甘肃等 12 个省份的三项配置指标都明显为正数。受益省份的共同特征是年度高考报名人数众多。例如,当年河南高考报名人数最高,为 77.2 万人,广东 75.4 万人,最少的云南也有 27.2 万人(排在全国第 17 位)。这与乔锦忠(2007)通过构建公平指数所得观点一致。他认为从部属高校入学机会的相对公平指数看,入学机会最为不利的是人口大省和中部省份。(3)浙江、江苏、湖南、湖北、海南等省份情况较为复杂,三项指标有正有负。

表 2　基于生源同质假设下全国统一录取率后的各省份损益情况分析（以 2015 年为例）

省份	"C9 联盟"	"985 大学"	"211 大学"
北　京	−429	−1410	−5297
天　津	−133	−2011	−4560
河　北	297	434	865
山　西	146	887	871
内蒙古	125	288	−1429
辽　宁	0	−1643	−2780
吉　林	−117	−2764	−6445
黑龙江	−666	−838	−3822
上　海	−945	−1110	−3735
江　苏	−736	434	−1182
浙　江	−1184	−529	1279
安　徽	328	2449	5264
福　建	−105	−1452	−2790
江　西	168	756	1483
山　东	449	115	3720
河　南	761	3682	9414
湖　北	138	−1825	−2186
湖　南	156	−98	2002
广　东	1037	1645	16851
广　西	261	789	435
海　南	25	−41	−1850
重　庆	80	−1273	−1342
四　川	410	1030	4354
贵　州	302	1724	1195
云　南	200	864	2134

续表

省份	"C9 联盟"	"985 大学"	"211 大学"
西　藏	−4	−2	−2677
陕　西	−750	−155	−1938
甘　肃	194	621	4484
青　海	−57	−414	−3177
宁　夏	−29	−254	−2823
新　疆	81	100	−6316

注：这里将 2015 年"C9 联盟"的全国平均录取率（0.23％）、"985 大学"的全国平均录取率（1.49％）以及"211 大学"的全国平均录取率（5.06％）分别乘以各省份高考报名人数，经四舍五入取整数后，得出统一录取率后的各省份招生人数变化值。

三、优质高等教育机会不均等的影响因素分析

高等教育（特别是优质高等教育）机会公平是教育公平的重要体现，也是实现社会公平的重要手段。当然，影响高等教育资源配置的背后成因复杂而多样（如政治因素、经济因素、地理因素等多重变量）。基于前文描述，这里以我国各省份不同等级的优质高校（C9 联盟、985 大学和 211 大学）录取率指标作为被解释变量，通过构建相关计量模型，试图回答优质高等教育机会省际不均等背后的影响因素到底有哪些以及影响程度有多大等问题。基于已有研究文献，提出如下假设：

假设 1：经济越发达地区，优质高等教育的获取能力越强。通常，经济发展的区域不平衡必然影响教育资源配置的区域不均衡。影响机制主要是：经济发达地区通过提供更优势的教育环境，使区域高校快速发展成一流高校，而经济上的较大支持使高校倾向于多招收本地生源（即回馈效应）。

假设 2：财政分权程度越高的地区，优质高等教育发展越有优势。地方政府投资高等教育的意愿和所具备的财政能力是影响区域高等教育发展的重要因素，而这直接受制于财政分权程度的影响。我国高等教育发展存在区域差异，地方财力差异则是高等教育发展失衡的根源（陈上仁，2005）。

假设 3：地方财政在部属高校的投入比重越大，该辖区考生越易获得优质的高等

教育机会。近年来我国绝大多数的优质高校一直在以"省部共建"名义不断走"地方化"道路（通常部属高校 40％以上的经费源于地方财政）。例如，全国 16 个省份的 32 所教育部直属"985 大学"获逾 450 亿元资金，其中中央财政专项资金 264.9 亿元，占比 58.7％；地方协议配套资金 186.33 亿元，占比 41.3％[①]。"吃人家的嘴软，拿人家的手短"，这也许是我国优质高等教育机会省际不均等的根源。

假设 4：优质高校越集中的地区，越容易获得优质高等教育机会的青睐。"近水楼台先得月"，名校在地理空间分布的不均衡，往往直接影响各地区的考生获取优质高等教育机会的大小。

假设 5：基础教育越好的地区，获取优质高等教育机会的概率越大。已有学者（李永友等，2016）研究指出，我国优质教育享有机会存在明显的马太效应。也就是说，优质高中教育会显著影响优质高等教育享有机会。如果按照逆向推理，优质高中教育享有机会又受到优质初中教育机会的影响，优质初中教育享有机会又受到优质小学、优质幼儿园教育机会享有程度的影响。显然，正是因为存在此逻辑关系，为了不让孩子输在起跑线上，择校风、找关系、学区房等就成为我国各地存在的一种"见怪不怪"的教育乱象。

假设 6：有特别政策扶持的辖区考生，享有优质高校资源的可能性更大。在其他条件相同的条件下，行政力量所展现出来的"有保有压"型政治倾向往往会显著地影响区域高等教育资源的分配。在我国，少数民族考生往往享受一定的特殊待遇，故此可通过建立虚拟变量（如少数民族自治区为 1，非少数民族自治区为 0）来衡量相关政策的影响力。

基本模型构造如下：

$$Edu_i = \alpha_i + \beta_i \sum_i X_i$$

式中，Edu_i 表示我国 31 个省级地区中的第 i 个优质高等教育配置情况（分别用 C9 联盟、985 大学以及 211 大学在该地区的录取率指标来作为被解释变量）。本文选取 2015 年全国各省份相关截面数据，α_i 和 β_i 分别表示常数项和系数项。X_i 分别表示不同的影响因素，指标的选取及其描述性统计分别见表 3 和表 4。

表 3　解释变量与指标含义

解释变量	含义	衡量指标或替代指标
X_1	辖区经济发展水平	人均 GDP

① 张烁.32 所教育部直属"985 工程"高校获逾 450 亿元支持.人民日报.2012-12-28.

续表

解释变量	含义	衡量指标或替代指标
X_2	辖区财政分权程度	财政自主度(一般公共财政预算收入/一般公共财政预算支出)
X_3	辖区对部属高校投入水平	地方教育经费投入额
X_4	辖区优质高校拥有情况	辖区内不同等级优质高校的数量
X_5	辖区基础教育发展水平	中国高中百强中该地区拥有的数量
X_6	辖区高等教育扶持政策	少数民族自治区为1,非少数民族自治区为0

注:通常部属高校中地方财政投入和中央财政投入呈现一定的比例配套关系。鉴于现实数据的可得性,故用地方教育经费指标反向替代地方对部属高校的教育经费投入。

表 4　相关变量的描述性统计结果

变　量	平均值	中位数	最大值	最小值	标准差	总和	观察值
辖区"C9 联盟"录取率	0.0033	0.0019	0.0213	0.0009	0.0038	0.1024	31
辖区"985 大学"录取率	0.0181	0.0146	0.0476	0.0101	0.0089	0.5613	31
辖区"211 大学"录取率	0.0676	0.0523	0.1548	0.0242	0.0345	2.0959	31
辖区人均 GDP/万元	5.0547	4.0354	10.3671	2.6387	2.1898	156.6964	31
辖区重点高中数	3.2258	3.0000	8.0000	0.0000	1.9098	100	31
辖区财政自主度	0.5312	0.4771	0.9314	0.1048	0.2089	16.4670	31
辖区地方教育经费/亿元	249.76	209.08	829.15	148.87	183.71	7742.65	31
辖区"C9 联盟"数量	0.2903	0.0000	2.0000	0.0000	0.5884	9.0000	31
辖区"985 大学"数量	1.0968	1.0000	6.0000	0.0000	1.3001	34.0000	31
辖区"211 大学"数量	3.8710	2.0000	27.0000	1.0000	5.0777	120.0000	31
虚拟变量							
自治区变量	0.1613	0.0000	1.0000	0.0000	0.3739	5.0000	31

资料来源:《中国统计年鉴》《中国教育经费统计年鉴》以及调研整理所得。

在回归模型中加入一个辖区普通高校在该地区录取率作为对比(即该地区全部高考招生数与 211 大学招生数的差额占该地区高考报名人数的比重)。所有变量数据经标准化处理后,运用 EViews 8.0 软件得出如下实证结果(见表 5)。

表 5　计量模型回归结果

变　　量	C9 联盟录取率	985 大学录取率	211 大学录取率	普通高校录取率
辖区经济发展水平	0.851 (1.597)	1.203*** (4.662)	1.196*** (4.165)	0.806** (2.407)
辖区财政分权程度	0.811 (1.066)	−0.418 (1.197)	−0.800* (1.936)	0.272 (0.628)
辖区对部属高校投入水平	0.503* (1.798)	0.502*** (3.042)	0.505** (2.143)	−0.226 (−1.466)
辖区"C9 联盟"数量	0.442*** (5.847)			
辖区"985 大学"数量		0.263*** (2.783)		
辖区"211 大学"数量			0.258** (2.508)	
辖区普通高校数量				−0.304 (1.402)
辖区基础教育发展水平	−0.673** (2.248)	−0.011 (0.887)	−0.155 (0.959)	−0.130 (0.701)
辖区高等教育扶持政策	−0.044 (0.777)	−0.055** (2.243)	−0.003 (0.120)	−0.057* (1.779)
模型拟合度	0.728	0.739	0.642	0.701

注:表中 *、**、*** 分别表示在 1%、5% 和 10% 的水平下显著。

较高的拟合程度说明上述模型的解释力较好。实证研究结果表明:(1)辖区经济发展水平指标在"C9 联盟"录取率、"985 大学"录取率、"211 大学"录取率以及辖区普通高校录取率的模型中均呈明显的正相关关系,系数分别为 0.851、1.203、1.196 以及

0.806,呈明显的正相关关系。也就是说,事先提出的假设 1 是成立的。(2)财政分权并未与优质高校录取率表现出显著的相关性,即假设 2 可认定为不成立。(3)辖区教育经费投入水平对不同水平优质高校在该辖区的录取率均呈现显著的正向效应(即假设 3 成立),分别是 0.503、0.502 和 0.505。在某种程度上,这对受益地方和高水平大学来说是一种"双赢"结果。(4)辖区拥有的优质高校数量对相关录取率都表现出正相关关系,分别为 0.442、0.263 和 0.258,且分别在 1%、1% 和 5% 的水平下显著。也就是说,假设 4 在统计学意义上是成立的。(5)辖区基础教育发展水平指标仅与一个被解释变量(即 C9 联盟录取率)表现出显著的负相关关系(即 -0.673),说明在优质高等教育资源稀缺以及招生指标实行配给制的条件下,基础教育的发达并未使优质高等教育的机会增大。也就是说,符合常理逻辑的假设 5 在现实中并不存立。(6)作为考察高等教育扶持政策效应的虚拟变量(即民族自治区变量),在多个模型中并未有显著的相关关系(即假设 6 并不成立)。对此的解释是,优质高等教育资源配置调节政策也许对某些地区(如西藏)有所倾斜,但在民族自治区变量的整体层面上并不显著。

四、基本结论和对策建议

近年来我国优质教育机会不均等程度总体上呈现扩大化趋势(如"C9 联盟"、"985 大学"和"211 大学"等三层次名校在各省份录取率的变异系数估值在 2013—2015 年间分别扩大了 25.00%、9.09% 和 28.30%),但背后的原因复杂而多样。在已有文献或相关定性研究的基础上,本文针对性地提出了 6 个理论假设,并在随后的实证研究中加以验证,其中 3 个假设得到证实,而另外 3 个假设得到证伪。总而言之,辖区经济发展水平、辖区教育经费投入以及"名校"的地理分布是影响我国优质高等教育机会省际不均等的三个重要因素。换而言之,经济因素、财政因素和地理因素等共同解释了我国优质高等教育机会省际不均等现象。

从 2016 年教育部跨省高考生源调控方案引发的热议以及已有研究文献来看,我国社会各界既高度关注高等教育质量不高问题(各地考生对"名校"的追逐本质上也反映了目前我国高等教育质量不佳的现实),也十分关注优质高等教育机会的省际不均等问题。为此建议:(1)立足区域协调发展的战略高度,切实破解优质高等教育机会省际不均等难题。区域竞争本质上是优质创新人才和优质教育资源的竞争。在某种程度上,优质高等教育机会省际不均等问题不仅涉及个别考生的命运,更是关乎我国区域协调发展的大问题。(2)适当增加中央财政对"名校"的投入,同时减少"名校"对地方财政的依赖,以"大致均等"(如统一全国录取率)为价值导向在全国范围内调控"名校"高考录取率。应指出,现代大学筹资模式必然是多元化的,政府财政拨款则是不可或缺的重要组成部分。但从政府职能的科学划分角度,构建世界一流或全国一流大学更多的是属于中央政府而非地方政府的职能范围。只有在中央财政出资占绝对优势的前提条件下,实现优质高等教育机会的省际"大致均等"才是必要且可行的。显然,在优质高等教育招生制度改革中打破地方既得利益格局,符合大多数人心目中的"机会均等"理念(本文表3在全国生源同质假设下测算了统一录取率后各省份损益情况)。当然,考虑到普通高校基本由地方财政拨款支撑,因而其生源更多地偏向本辖区纳税人及其子女则是合理的(如美国州立大学的惯例做法)。(3)通过立法和行政措施克服全国"名校"生源的过度地方化倾向。实践中,"名校"生源的地方化具有一定的合理性(前述研究已证实此因素的重要性),但在集中全国财力办一流大学的体制条件下,"名校"生源的过度地方化显然有失公平合理。因此,有必要采取积极干预措施(如对"名校"属地招生比例进行一定程度的限制),破解"名校"资源的过度地方化倾向。

主要参考文献

[1] 陈上仁,2005.我国区域高等教育发展失衡及其解决对策研究.中国高校研究(3):38-41.

[2] 李立峰,2006.我国高校招生考试中的区域公平问题研究.厦门大学(10):33.

[3] 李启平,晏小敏,2008.财政分权对高等教育支出的影响分析:博弈论视角.教育学术月刊(9):45-46.

[4] 李永友,王焱,2016.优质高等教育享有机会公平性研究——基于浙江高校的调查分析.财贸经济(1):48-60.

[5] 毛建军,张东平,2012.地方政府对部属高校的投资研究.高等财经教育研究(1):16-19.

[6] 乔锦忠,2007.优质高等教育入学机会分布的区域差异.北京师范大学学报(社会科学版)(1):23-28.

[7] 宋争辉,2012.中国优质高等教育资源区域分布非均衡化的历史演变与现实思考[J].高等教育研究(5):22-28.

[8] 薛颖慧,薛澜,2002.试析我国高等教育的空间分布特点.高等教育研究(4):44-49.

[9] 杨江华,2014 我国高等教育入学机会的区域差异及其变迁.高等教育研究

（12）：27-34.

　　［10］钟秉林,赵应生,2007.我国高等教育大众化进程中教育公平的重要特征.北京师范大学学报（人文社会科学版）（1）：5-10.

　　［11］周满生,2005.中国高等教育发展与改革的政策措施.中国高教研究（5）：4-6.

Research on the Causes of Unequal Opportunities of Superior Higher Education in China

Abstract：Based on the relevant assumptions, the paper focuses on the interprovincial admission rates of three levels of the universities of "C9 alliance", "985 project" universities and "211 project" universities in 31 provinces which are selected to describe the opportunity inequality of superior higher education in China, as well as to explore the reasons behind this phenomenon of unequal opportunity by using a large number of interprovincial panel data. Research shows that：during the period of 2013—2015, the interprovincial opportunities' inequality of superior higher education in China is in an overall expanding trend（the coefficient of variation estimations of admission rates from three levels of C9, 985 and 211 in three years increased by 25％, 9.09％ and 28.30％ respectively）；local economic development, local education funds investment and geographic distribution of superior higher education are three important variables which affect the unequal opportunities of higher education in different provinces. In other words, economic factors, financial factors and geographical factors together influence on the phenomenon that superior higher education opportunities in China are unequal. Finally, the author puts forward the advices as the superior higher education opportunities' "approximately equal" goal, to overcome the regionalization of superior higher education. This research might be meaningful to boost the development of superior higher education on the road of relatively equity.

Key words： superior higher education; interprovincial inequality; tendency of regionalization

公共政策、基层腐败与农村居民幸福感[*]

◎鲁建坤　王疏影

摘　要：从农村居民角度审视政府行为如何能提升居民幸福感对于深化改革，补齐农村短板、全面建成小康社会具有政策意义。本文基于一项农村居民对公共政策、腐败等政府行为的主观感知数据，运用有序 Probit 模型等回归分析政府行为影响农村居民幸福感的现状、机制和群组特征。本文发现改进经济政策及教育、社保等民生相关政策均有助于提高农村居民幸福感，且收入较低阶层获益更多。基层政府腐败显著降低农村居民幸福感，降低农村居民对各项公共政策治理绩效的评价，削弱公共政策对幸福感的积极作用，且对高中及以上学历的农村居民影响更大。县、乡、村层级腐败对农村居民幸福感的负向作用逐次增强，县级以上层级作用不显著。启示：提高农村居民幸福感让老百姓更有获得感，不仅要增加农民收入，改善公共政策，而且需要积极推进反腐行动，特别是减少基层政府腐败。

关键词：公共政策；腐败的层级；幸福感

一、引　言

2012 年，习近平总书记在河北阜平看望、慰问困难群众时发表的讲话指出"全面建成小康社会，最艰巨、最繁重的任务在农村，特别是在贫困地区。没有农村的小康，

　＊　浙江省社科规划课题成果（项目编号 17NDJC167YB、17NDJC023Z）；教育部人文社会科学研究青年基金项目（项目编号 18YJC790111）。

　鲁建坤，浙江财经大学财政税务学院财政系，lujiankun@zufe.edu.cn；王疏影，重庆工商大学经济学院，511480472@qq.com。

特别是没有贫困地区的小康,就没有全面建成小康社会"①。此后,2013 年 4 月,习近平总书记在海南考察时提出"小康不小康,关键看老乡"。2015 年,习近平总书记在中央全面深化改革领导小组第十次会议上首次提出"让人民群众有更多获得感",此后更将"是否给人民群众带来实实在在的获得感"上升为改革成效的评价标准之一。因此,从农村居民主观幸福感角度审视政府行为,识别哪些提高了农村居民的幸福感,哪些降低了幸福感,对于深化改革、切实拉高民众"获得感",具有政策意义。

对于中国而言,无论是历代王朝中的"天命"传统还是当下政府的施政理念均表明,增加居民的福利等有助于增强居民对政府的信任和支持。中国改革开放后的高速经济增长不仅大幅度提高了居民私人消费水平,而且持续提高了居民对民生类公共品的需求。在交通、通信等基础设施迅猛发展的同时,医疗、环保等民生问题却日益尖锐,地方财政支出持续呈现出"重基建轻民生"的结构性问题。居民需求与政府行为之间的偏差日渐困扰居民生活。同时,居民对政府的廉洁公正提出更高的要求,涉及官员贪腐的言论往往轻易就能在网络空间引起广泛关注和议论。习近平总书记指出"'微腐败'也可能成为'大祸害',它损害的是老百姓的切身利益,啃食的是群众获得感,挥霍的是基层群众对党的信任,给人民群众造成的危害是最直接、最致命的"②。多项研究发现,中国居民幸福感并没有随收入和消费水平的提高而显著增加,个别时期甚至呈现出下降趋势。其中,农村居民的幸福感问题尤为突出。农村居民人口规模巨大,收入水平低于城市居民。国家统计局发布的《2016 年国民经济和社会发展统计公报》数据显示,2016 年年末乡村常住人口占总人口的 42.65%,非城镇就业人口占全国就业人口的 46.60%,城镇居民人均可支配收入为 33616 元,农村居民人均可支配收入为 12363 元。这相当于半数全国人口的可支配收入达到了另一半的三分之一。农村公共品和公共服务的质和量均低于城市,财政支出与公共政策也持续呈现出倾向城市的特点。中国社会科学院农村发展研究所发布的《中国农村发展报告(2016)》将农村公共服务水平较低、生态环境恶化、基层民主待加强等列为农村同步小康要面临的重大挑战。

对居民而言,既需要政府在公共品供给等方面有治理绩效,也需要政府及官员保

---

① 本文所引述的习近平总书记有关重要讲话可在人民网"学习路上"大型网络数据库查询,网址为 http://cpc. people. com. cn/xuexi/。有关农村小康的有关论述详见习近平谈"全面建成小康社会",网址为 http://cpc. people. com. cn/xuexi/n-0303/c385476-26629388. html。

② 详见央广网 2016 年策划推出的《习近平治国理政"100 句话"》专栏之"微腐败"也可能成为"大祸害",网址为 http://news. cnr. cn/dj/20160523/t20160523_522212390. shtml。

持廉洁,两方面内容共同决定居民从政府行为中获得的幸福感。已有不少文献着重分析了经济政策、教育政策等对农村居民幸福感的影响,也有少量文献分析了腐败对居民幸福感的影响,但对于两者在农村居民幸福感中的共同或者交互作用分析不足,腐败的作用机制也有待进一步识别。腐败可能改变公共政策继而影响居民幸福感,但给定公共政策,腐败也可能改变居民对公共政策的消费体验,正如顾客对饭菜的体验可能因为看见厨师抽烟而变化。长期以来,有流行观点认为,腐败是经济发展的润滑剂,或许有助于提高居民收入,那么对于收入水平相对较低的农村居民而言,他们的幸福感如何受腐败和公共政策影响,是否因政府层级而不同,需要实证分析提供经验证据。在研究方法上,分析中国农村居民幸福感的文献多用地方财政支出等客观数据作为居民个体主观幸福感的解释变量,这种嵌套结构尽管有助于获得基本经验,但存在数据噪声过大等一系列问题。给定地方财政支出、公共品供给的类型和总量,不同居民对公共品或公共服务的获取能力存在差异,导致有些个体数据的幸福感本身并不包含相应公共政策的信息,有些个体数据的幸福感包含过多的公共政策信息,进而导致有偏估计。

因此,本文选用农村居民主观感受到的公共政策绩效和基层政府腐败程度等微观调查数据探讨政府行为影响居民幸福感的现状、机制与特征。农村居民个体对腐败、公共政策的主观感受数据与个体幸福感关联更直接,且能排除不同个体对公共品或公共服务获取能力、生活经历差异的干扰。本文区分识别不同层级政府的腐败对农村居民幸福感的影响,并将腐败与公共政策结合进行分析,识别其交互作用。研究发现,当前改进经济政策、教育政策、医疗政策、社保政策和环境政策均能显著提升农村居民幸福感且收入较低阶层受益更多;腐败显著降低了居民幸福感,降低了居民对公共政策的评价,降低了公共政策对居民幸福感的提升作用,对教育水平较高群体影响更大;腐败影响居民幸福感的程度随政府层级的降低而增强,村委会层次最强,乡镇其次,县政府再次之,而省级及中央政府不显著。本研究尝试为获悉当前农村居民幸福感如何受政府行为影响及其现状和特征提供经验证据,为理解腐败的福利后果识别新的机制和证据,启示如何深化改革提升居民获得感及政府总体绩效。

本文剩余部分安排如下:第二部分是文献评述,第三部分是样本数据处理及实证策略选择,第四部分是实证结果分析,第五部分是结论和启示。

二、文献评述

经济收入对幸福感有重要影响。伊斯特林（Easterlin）基于跨国数据的经验研究提出"收入—幸福悖论"（也称伊斯特林悖论），即低收入对应着低幸福感，且当收入水平较低时，幸福感与收入呈现正相关，但随着收入水平的持续提高，整个社会的幸福感并不随之升高（Easterlin，1974）。围绕这一论断，学者们基于 OECD 国家、拉美发展中国家等数据进行分析并展开一系列支持与反对的争论。中国农村居民的幸福感与收入水平之间的关系较为独特，贫穷并没有使得农村居民更不快乐。Knight 等（2009）基于 2002 年一项覆盖中国 22 个省份的家庭调查数据发现，尽管经济社会地位不高，贫穷或低收入并没有使得农村居民对生活充斥不满，因为他们在比较自己相对收入的时候仅将参照系限定为同村居民以及自己的历史收入。廖永松（2014）基于 2012 年在山东、河南和陕西三省对 483 位农民幸福感的调查研究发现，尽管家庭收入不高，但只有 1.24% 的受访者认为自己非常不幸福，回归分析表明生活水平的绝对提高以及与同村居民的横向比较对农民幸福感影响最大，表现出"小富即安"的特点。

经济收入增长带来的幸福感，可能会被其他因素的负面影响所抵消。多项研究均发现，尽管中国人均收入及消费水平增加了几倍，但居民的幸福感水平并没有显著提高，部分时期反而呈现下降趋势。Brockmann 等（2009）基于 1990 年和 2000 年世界价值观调查数据，Knight 和 Gunatilaka（2011）基于中国家庭收入调查数据（CHIP2002）数据，Easterlin 等（2012）综合 1990—2010 年包括世界价值观调查（World Values Survey）和亚洲晴雨表调查（Asian Barometer Survey）在内的 5 个不同来源的数据，均发现这种现象，并从相对收入、收入不均等角度进行了解释。

值得注意的是，公共政策对居民幸福感有重要影响。黄有光（NG，2008）提出，经济发展达到一定水平后，公共政策及财政开支不应专注于促进经济增长，而应该向环保、健康、安全等方面倾斜，这些因素在长期对社会幸福感水平有重要影响，而私人消费在长期则不那么重要。某些情况下，如果考虑环境污染等问题对居民幸福感的负向影响，即使经济增长通过提高居民消费等增加居民幸福感，但最终总的影响可能会降低社会幸福感。研究收入与幸福感的文献中通常会遗漏预期寿命、通货膨胀、失业率等，这些变量对幸福感的影响可能大于收入的作用，而且这些因素的作用及变化有正有负。中东欧国家在后苏联时代的经济转型中尽管经济增长绩效良好，但公共品供给不足、宏观经济波动及政府的腐败等降低了居民生活满意度，导致居民生活满意度总体很低,而中东欧各国之间幸福感的差别也主要源于这些宏观因素。安杰利斯(Angeles,2011)基于美国不同时期的调查数据分析指出,收入水平与幸福感之间的关系之所以存在大的争议,可能是因为收入对幸福的影响很容易受到其他经济社会因素的干扰,如公共医疗状况、失业率等,经济增长同时带来收入与经济社会因素的变化。熊彩云等(2014)选择了全国 31 个省份的 260 个村庄,每个村庄按家庭收入高、中、低水平各选 5 家总计 15 家农户进行调查并构建农村居民的幸福指数,然后对幸福指数进行统计分解发现,政治环境对幸福指数的影响最大,超过物质生活等因素,并且相对于中央政府,地方政府、村干部的工作绩效对幸福指数贡献度低。鲁元平和张克中(2010)基于 2001 年和 2007 年世界价值观调查数据发现,中国经济增长与居民幸福感之间发生背离,省级财政中教育、社会保障等支出虽然总体上能够提高居民幸福感,但是城乡之间存在差异,教育支出能提高农村居民幸福感但不显著影响城市居民幸福感,社会保障支出显著影响城市居民幸福感但不显著影响农村居民幸福感。胡洪曙和鲁元平(2012)将 2005、2006 年中国综合社会调查(CGSS)中农村数据与县级财政数据相匹配进行回归分析发现,县级教育、医疗卫生、社会保障等支出显著提高了农民的幸福感,但农林水利、行政管理费和公检法司等支出的作用不显著。

公共政策对居民幸福感的影响存在异质性,受多种因素扰动。改善公共品供给或公共服务会给居民带来幸福感,但相应的税收等会降低居民的幸福感。公共品供给具有一个最优水平,低于该水平时政府增加供给会提高居民幸福感,高于该水平时会降低居民幸福感,而居民偏好异质性导致不同群体理想中的最优水平有差异,因而公共政策最终对居民幸福感的作用受到意识形态(Ideology)的影响。一国居民的幸福感也会受到邻国居民的幸福感影响,个体层面的幸福感也显著受到邻居的影响,并且常常是负的影响。经济发展阶段也会影响居民对公共政策的需要,在低收入国家,经济自由、法治程度等比言论自由、权力制衡等对居民的幸福感影响更大,而在中高收入国家则相反。

政府腐败程度也会影响居民的幸福感。Helliwell 和 Huang(2008)基于世界价值观调查数据发现,政府控制腐败的能力、法治水平等对居民生活满意度的影响超过真实人均收入的居民生活满意度的影响,在国家治理水平和收入水平较低的国家更是如此。Wu 和 Zhu(2016)基于 2002 年"亚洲晴雨表"调查数据发现,腐败总体上降低了中国居民的幸福感,这种效应在腐败程度低的地区较大,在腐败程度高的地区较小,行贿者和受贿者的负罪感等心理成本在腐败程度高的地区较低。陈刚和李树(2013)构造市级腐败指标和工具变量,结合 CGSS(2006)数据分析发现市级腐败程度每上升一个标准差所降低的居民幸福感,相当于 GDP 增长率上升 6 个百分点增加的居民幸福感。

综上可知,公共政策和腐败均会影响居民幸福感。但对于不同层级政府的腐败如何影响居民幸福感以及通过什么渠道发挥作用尚需要进一步分析。农村居民对不同层级政府的信任度存在显著差异,通常表现得较为信任高层级政府而相对不信任低层级政府。同样程度的腐败,居民更信任的政府层级可能会更多地降低居民的幸福感。居民生活中接触最多、利益攸关的是基层政府,同样程度的腐败,基层政府可能比更高层级政府对居民生活的影响更大,对幸福感的影响也更大。公共政策方面的表现与自身廉洁程度,是政府行为的多个面向,良好的公共品或公共服务供给有助于提高居民幸福感,但作为财政资金的最终提供者,居民的幸福感也会因为官员的腐败行为而降低。有些情况下,廉洁度在居民对政府的评价方面具有比较高的权重,基于欧洲跨国数据的研究表明,控制腐败的作用后,居民对政府的信任不再受宏观经济层面因素的影响。居民在评价公共政策或其他政府行为时,也难以将政府的各项表现独立地进行评价,这就意味着居民对不同类型公共政策及政府行为的满意度并不独立,政府的腐败行为可能会降低居民对公共政策的体验,进而降低公共政策对幸福感的提升作用。此外,将地市或省级客观统计数据作为解释变量,分析公共政策对居民幸福感的影响,也会受到公共品或公共服务对不同居民个体可及性差异的影响,导致估计有偏。

三、数据与实证策略

基于研究主题和上文分析,本文选用马得勇、王正绪主持的"中国乡镇民主与治理调查"数据库中的村民调查问卷数据。相比于其他包含个人幸福感的数据库,该调查数据具有独特优势,更适于本文研究主题。首先,该调查针对农村居民展开,问卷包含更多农村生活的信息,有调查对象的基本信息、邻里关系等影响幸福感的非公共政策层面数据和受访者对乡镇政府工作、国家政治经济发展、基层民主的评价等影响居民幸福感的关键公共政策评价数据,这些信息和数据有助于控制其他因素对本文主要关注因素的干扰。相比于省或市县层级财政支出等客观公共品供给指标,农村居民对公共政策的主观感受更能真实反映进入个体消费函数的公共品或公共服务供给状况,真实反映政府的治理绩效。其次,数据库包括农村居民对不同层级政府腐败的评价等独特数据,可区分识别各层级政府廉洁度对居民公共政策评价和幸福感的影响。

该数据库中农村居民的问卷数据由项目组在 2008 年 7 月—2011 年 4 月在全国

范围内选取 10 个省或直辖市的 24 个乡镇展开,在每个乡镇选取 2~3 个村,对村里所有住户(每户只调查 1 位成年人)以问卷调查的方式进行单次调查,每个乡镇的村民或居民问卷的数量为 100 份左右。从时间和覆盖面来看,可以认为该数据库包含的信息具有一定的代表性和时效性。

我们用受访农村居民对"总体来讲,您认为您幸福吗?"的回答度量个体幸福感。经过处理,从 1 到 4 分别对应"很不幸福、不太幸福、比较幸福、非常幸福"。我们将幸福感视为政府行为和个体因素的函数,并受扰动项 e 干扰,如方程(1)所示。考虑到被解释变量"幸福感"(记作 Happiness)是有序变量,我们一方面采用有序 Probit 模型进行基准回归分析,此类数据和有序 Probit 模型广泛为幸福主题的研究采用;另一方面,考虑到结果稳健性和经济含义的解读,我们还将"幸福感"视为基数变量进行 OLS 回归分析,如方程(2)所示。Ferrer-i-Carbonell 等(2004)通过计量理论推导和对比分析既有文献,发现将"幸福感"处理为有序变量还是基数,结果一般差别很小。

$$Happiness_i = F(Government_i, X_i) + e_i \tag{1}$$
$$Happiness_i = a + b_1 Government_i + b_2 X_i + e_i \tag{2}$$

核心解释变量 Government 是一组政府行为的变量,包括治理绩效、廉洁度及两者交叉项等。治理绩效是受访村民对乡镇政府各项公共政策治理绩效的主观感知或评价,从 1 到 5 分别对应"很不好、不太好、一般、比较好、很好"。经济政策为对"发展本地方的经济"的评价;教育政策为对"改善本地方中小学教育环境和条件"的评价;医疗政策为对"解决村民看病难等医疗卫生问题"的评价;社保政策为对"对乡村老弱孤残的救助工作"的评价;环保政策为对"保护本地的环境,治理和防止环境污染"的评价。廉洁度为受访村民对中央、省级、县级、乡镇和村委会中贪污腐败情况的主观感知或评价,从 1 到 4 分别对应"几乎没有腐败、没有多少人腐败、腐败相当普遍、几乎人人都腐败"。

控制变量 X,主要包括个体特征和人际关系等信息。具体包括:年龄;家庭收入,从 1 到 11 分别对应"1000 元以下、1000~2000 元、2000~4000 元、4000~6000 元、6000~10000 元、10000~20000 元、20000~30000 元、30000~40000 元、40000~60000 元、60000~100000 元、100000 元以上";教育程度,从 1 到 6 分别对应"小学及以下、初中、高中、专科、本科、硕士及以上";安全感,从 1 到 4 分别对应在受访地生活工作安全程度"很不安全、不太安全、比较安全、非常安全";朋友数量,从 1 到 4 对应着"没什么朋友、有一些朋友、有比较多朋友、很多朋友";家人关系,从 1 到 4 对应着家庭成员关系和睦程度"很不好、不太好、比较好、很好";邻里关系,从 1 到 4 对应着与村里大部分人关系融洽程度"很不好、不太好、比较好、很好";就业问题,对应着"农民收入太少,就业不足"问题,突出为1,不突出为0。

不同地域文化特征、地理气候、不易度量的其他公共政策等,不同时间点上受访者心情、精神状态等不易观测因素,可能影响居民幸福感,且可能同时与解释变量和被解释变量相关,导致内生性问题。因此,所有回归均控制访问时间哑变量(精确到日)和乡镇哑变量,一定程度上控制不可观测的与访问时间有关和与乡镇有关的遗漏变量,并不至于损失太多自由度。所有的回归结果均采用稳健标准误计算统计显著性。

我们将所有回答为"不知道、不想说"的变量处理为缺失值,回归分析所使用数据的基本统计特征和样本量见表1。

表 1　统计描述

变量	观测值	平均值	标准差	最小值	最大值
幸福感	2134	3.072	0.663	1	4
经济政策	2096	3.176	1.051	1	5
教育政策	2095	3.403	0.997	1	5
医疗政策	2129	3.153	1.055	1	5
社保政策	2062	3.263	1.029	1	5
环境政策	2091	2.952	1.140	1	5
村委会腐败	1619	2.224	0.956	1	4
乡镇政府腐败	1536	2.428	0.875	1	4
县级政府腐败	1322	2.362	0.833	1	4
省级政府腐败	1158	2.026	0.796	1	4
中央政府腐败	1187	1.790	0.801	1	4
年龄	2214	41.374	14.282	16	90
收入水平	2193	5.868	2.008	1	11
教育程度	2196	2.165	0.988	1	6
安全感	2156	3.067	0.635	1	4
朋友数量	2093	2.616	0.839	1	4
家人关系	2192	3.540	0.604	1	4
邻里关系	2179	3.383	0.584	1	4
就业问题	2199	0.628	0.483	0	1

四、实证分析结果

（一）公共政策与农村居民幸福感

表2是分析公共政策治理绩效如何影响幸福感的回归结果，（1）～（5）为有序Probit回归，（6）～（10）为OLS回归。受政府执政风格等影响，经济政策、教育政策等各科目之间存在相关性，同时作为解释变量存在多重共线性等问题，因而我们单独估计各项科目对农村居民幸福感的影响。所有回归均控制了可能影响居民幸福感的个体特征变量（年龄、收入水平、教育程度、安全感、就业状况等）、人际关系相关变量（朋友数量、家人关系、邻里关系等）、乡镇哑变量和调查时间哑变量，但为了表格的简洁而没有进行汇报。

表 2　各类公共政策对农村居民幸福感的影响

变量	(1) OProbit	(2) OProbit	(3) OProbit	(4) OProbit	(5) OProbit	(6) OLS	(7) OLS	(8) OLS	(9) OLS	(10) OLS
经济政策	0.163*** (5.00)					0.0765*** (4.91)				
教育政策		0.0719*** (3.45)					0.0355*** (3.37)			
医疗政策			0.157*** (5.08)					0.0744*** (4.87)		
社保政策				0.221*** (6.26)					0.105*** (6.08)	
环保政策					0.150*** (4.93)					0.0718*** (4.79)
个体特征	√	√	√	√	√	√	√	√	√	√
人际关系	√	√	√	√	√	√	√	√	√	√

续表

变量	(1) OProbit	(2) OProbit	(3) OProbit	(4) OProbit	(5) OProbit	(6) OLS	(7) OLS	(8) OLS	(9) OLS	(10) OLS
乡镇哑变量	√	√	√	√	√	√	√	√	√	√
时间哑变量	√	√	√	√	√	√	√	√	√	√
R^2	0.155	0.149	0.151	0.163	0.152	0.228	0.220	0.221	0.239	0.223
N	1779	1864	1818	1767	1786	1779	1864	1818	1767	1786

注：R^2 在 OProbit 中为 Pseudo R^2，在 OLS 中为 Adjusted R^2；括号内为 t 值；* $p<0.1$，** $p<0.05$，*** $p<0.01$；个体特征包括年龄、收入水平、教育程度、安全感、就业状况等，人际关系包括朋友数量、家人关系、邻里关系等。

表 2 结果显示，各类公共政策的系数均在 1% 的置信水平显著为正。这说明，无论是经济政策，还是教育政策、医疗政策、社保政策和环保政策等民生政策，都对农村居民幸福感具有积极作用，持续改善政府治理绩效能够提高居民幸福感。从经济显著性上来看，以 OLS 回归结果为例，相对而言，教育政策改进 1 单位对幸福感的提升作用较小，经济政策、医疗政策和环保政策改进 1 单位的作用居中且三者相近，大约是教育政策作用的 2 倍，社保政策改进 1 单位带来的提升作用最大。社保政策作用突出，说明农村"老弱孤残"等弱势群体的救助或赡养问题困扰农村居民，可能是因为大量农村青壮年迁徙到城市安家落户或以农民工形式外出务工，缺乏足够时间照顾"老弱孤残"人士，长期的低收入也导致积蓄较少，传统的"养儿防老"等机制与现代的社保制度同时缺位。

（二）各层级政府腐败对农村居民幸福感的影响

表 3 为各层级政府及村委会腐败程度的相关系数矩阵。各层级政府腐败程度之间显著正相关，层级越近相关系数越大，相邻层级政府的相关系数均显著地超过 0.5。考虑到居民对各层级政府机构腐败程度的感知或评价存在相关性，为避免多重共线性等问题，我们将各层级政府及村民自治组织的腐败指数分别作为解释变量进行回归。

表 3　各层级政府及村委会腐败程度相关系数矩阵

各层级政府	村委会	乡镇政府	县级政府	省级政府	中央政府
村委会	1				
乡镇政府	0.738***	1			
县级政府	0.592***	0.782***	1		
省级政府	0.443***	0.540***	0.730***	1	
中央政府	0.329***	0.360***	0.541***	0.760***	1

注：* $p<0.1$，** $p<0.05$，*** $p<0.01$。

表 4 为各层级政府腐败与农村居民幸福感的回归结果，(1)～(5)为有序 Probit 回归，(6)～(10)为 OLS 回归。所有回归均控制了个体特征、人际关系等变量，并控制了乡镇、时间哑变量，简洁起见，控制变量的回归结果未汇报。无论是将幸福感处理为有序变量还是基数，结果类似，各层级腐败系数均为负。作为村民自治组织的村委会与作为基层政府的乡镇，腐败程度指标系数在 1% 置信水平下显著为负，不随计量模型设定而变动。县级政府腐败程度指标显著为负，但统计显著性低于村、乡镇层级，省级、中央政府腐败程度指标为负，但统计上不显著。从经济显著性上来看，以 OLS 回归为例，县、乡镇、村等各层级腐败对农村居民幸福感的影响随权力层级降低逐次变大。总体而言，政府的腐败会降低居民幸福感，而且越是到基层政府，腐败对居民幸福感的损害越大，村委会腐败的影响最大。一般而言，村民个体打交道最多的是县级及以下各级政府，与省级及以上政府直接接触较少，县级及以下政府的行为更直接地影响公共品或公共服务的数量、品质及其分配。这说明，将反腐运动推向基层，惩治乡镇干部、村干部的腐败行为，纠正不正之风，更能提高农村居民幸福感。

表 4　各层级政府腐败对农村居民幸福感的影响

各层级 政府	(1) OProbit	(2) OProbit	(3) OProbit	(4) OProbit	(5) OProbit	(6) OLS	(7) OLS	(8) OLS	(9) OLS	(10) OLS
村委会	−0.172***					−0.0846***				
	(−4.27)					(−4.27)				
乡镇 政府		−0.132***					−0.0659***			
		(−3.04)					(−3.06)			

续表

各层级政府	(1) OProbit	(2) OProbit	(3) OProbit	(4) OProbit	(5) OProbit	(6) OLS	(7) OLS	(8) OLS	(9) OLS	(10) OLS
县级政府			−0.105**					−0.0492**		
			(−2.12)					(−2.03)		
省级政府				−0.0398					−0.0181	
				(−0.71)					(−0.65)	
中央政府					−0.0421					−0.0250
					(−0.77)					(−0.87)
个体特征	√	√	√	√	√	√	√	√	√	√
人际关系	√	√	√	√	√	√	√	√	√	√
乡镇哑变量	√	√	√	√	√	√	√	√	√	√
时间哑变量	√	√	√	√	√	√	√	√	√	√
R^2	0.159	0.149	0.157	0.155	0.151	0.230	0.213	0.216	0.216	0.214
N	1399	1317	1131	1003	1029	1399	1317	1131	1003	1029

注:R^2 在 OProbit 中为 Pseudo R^2,在 OLS 中为 Adjusted R^2;括号内为 t 值;* $p<0.1$,** $p<0.05$,*** $p<0.01$;个体特征包括年龄、收入水平、教育程度、安全感、就业状况等,人际关系包括朋友数量、家人关系、邻里关系等。

(三)政府腐败影响农村居民幸福感的渠道

居民个体的腐败体验会直接降低幸福感,也可以通过影响居民的公共政策消费体验而降低幸福感。公共治理绩效与廉洁度作为政府行为的不同侧面,居民对公共政策的消费体验或者说评价可能会受对政府腐败程度认知的影响。为进一步探讨腐败影响居民幸福感的渠道,我们首先分析农村居民主观感知的各层级政府和村委会腐败程度与公共政策评价之间的关系。

表5为农村居民主观感知的各层级腐败程度与各类公共政策评价之间的相关系数矩阵,相关系数均显著为负,其中乡镇层级腐败的相关系数最大,总体上呈现出离乡镇越近的层级,相关系数越大的特点,村和县系数近似,中央系数最小。结合前文表3中各层级腐败相关系数显著为正且层次越近系数越大的特点,可以认为农村居民对政府行为的评价相当理性,对某层级政府公共政策的评价最受所感知到的同层级政府腐败程度的影响,其次受所感知到的直接管辖该层级和直接被该层级管辖两个层级腐败程度的影响。

表 5   各层级政府腐败与各公共政策评价的相关系数

各层级政府	经济政策	教育政策	医疗政策	社保政策	环保政策
村委会	-0.284^{***}	-0.200^{***}	-0.283^{***}	-0.328^{***}	-0.304^{***}
乡镇政府	-0.309^{***}	-0.233^{***}	-0.333^{***}	-0.322^{***}	-0.319^{***}
县级政府	-0.279^{***}	-0.210^{***}	-0.305^{***}	-0.278^{***}	-0.269^{***}
省级政府	-0.284^{***}	-0.200^{***}	-0.283^{***}	-0.328^{***}	-0.304^{***}
中央政府	-0.107^{***}	-0.0917^{**}	-0.108^{***}	-0.126^{***}	-0.124^{***}

注:* $p<0.1$,** $p<0.05$,*** $p<0.01$。

为了更可靠地分析腐败发挥作用的渠道,我们将显著影响居民幸福感的县、乡、村级腐败程度取平均值构造政府腐败指数进行回归分析。乡镇及其近邻层级(直接管辖与直接被管辖)政府腐败程度的平均值更为平滑且更为准确地度量对居民产生影响的腐败程度。表6为政府腐败指数与农村居民主观公共政策评价的回归结果,所有的回归均控制个体特征变量、人际关系变量、乡镇哑变量和时间哑变量,简洁起见不汇报控制变量结果。

表 6 腐败对农村居民公共政策评价的影响

变量	经济政策		教育政策		医疗政策		社保政策		环保政策	
	(1)	(2)	(3)	(4)	(5)	(6)	(7)	(8)	(9)	(10)
	OProbit	OLS	OProbit	OLS	OProbit	OLS	OProbit	OLS	OProbit	OLS
政府腐败	−0.402***	−0.353***	−0.297***	−0.354***	−0.425***	−0.381***	−0.381***	−0.317***	−0.398***	−0.368***
	(−7.82)	(−7.91)	(−6.14)	(−5.87)	(−8.29)	(−8.28)	(−7.29)	(−7.23)	(−7.70)	(−7.85)
个体特征	√	√	√	√	√	√	√	√	√	√
人际关系	√	√	√	√	√	√	√	√	√	√
乡镇哑变量	√	√	√	√	√	√	√	√	√	√
时间哑变量	√	√	√	√	√	√	√	√	√	√
R^2	0.100	0.212	0.064	0.094	0.085	0.174	0.106	0.217	0.109	0.239
N	1033	1033	1064	1064	1048	1048	1034	1034	1038	1038

注:R^2 在 OProbit 中为 Pseudo R^2,在 OLS 中为 Adjusted R^2;括号内为 t 值;* $p<0.1$,** $p<0.05$,*** $p<0.01$;个体特征包括年龄、收入水平、教育程度、安全感、就业状况等,人际关系包括朋友数量、家人关系、邻里关系等。

结果显示,无论是采用有序 Probit 回归还是 OLS 回归,政府腐败程度指标系数与居民对各种类型公共政策的评价均在 1‰ 置信水平下显著负相关。列(1)—(2)说明,政府腐败程度显著降低了居民对经济政策的评价,以列(2)OLS 回归结果为例,居民主观感知的政府腐败程度每上升 1 单位,居民对经济政策的评价就下降约 0.35 个单位,具有经济显著性。作为收入较低的群体,农村居民仍然会因为主观感受到的政府腐败而降低对政府经济政策的评价。从 OLS 回归结果来看,政府腐败对农村居民公共政策评价的负面影响是普遍的,政府腐败程度每上升 1 单位,居民对经济政策和教育、医疗、社保、环保等民生政策的评价下降幅度相近且均具有经济显著性。这说明将反腐败运动进行到基层,提高廉洁度,有助于提高居民对政府各项工作的满意度,提高居民眼中的政府治理绩效。

为进一步估计政府行为对居民幸福感的影响,我们构造政府腐败指标与各类公共政策治理绩效的交叉项,进行回归分析,结果见表 7。(1)～(5)为有序 Probit 回归,(6)～(10)为 OLS 回归。

表 7　公共政策与政府腐败对农村居民幸福感的交互作用

变量	(1) OProbit	(2) OProbit	(3) OProbit	(4) OProbit	(5) OProbit	(6) OLS	(7) OLS	(8) OLS	(9) OLS	(10) OLS
经济	0.300***					0.136***				
	(5.80)					(5.55)				
经济 * 腐败	−0.0368**					−0.0156*				
	(−2.13)					(−1.91)				
教育		0.165***					0.0769***			
		(3.51)					(3.37)			
教育 * 腐败		−0.0395**					−0.0173**			
		(−2.49)					(−2.23)			
医疗			0.274***					0.125***		
			(5.36)					(5.08)		
医疗 * 腐败			−0.0389**					−0.0171**		
			(−2.30)					(−2.14)		
社保				0.298***					0.135***	
				(5.42)					(5.13)	
社保 * 腐败				−0.0263					−0.0108	
				(−1.60)					(−1.43)	
环保					0.226***					0.104***
					(4.31)					(4.12)
环保 * 腐败					−0.0405**					−0.0181**
					(−2.15)					(−1.99)
个体 特征	√	√	√	√	√	√	√	√	√	√

续表

变量	(1) OProbit	(2) OProbit	(3) OProbit	(4) OProbit	(5) OProbit	(6) OLS	(7) OLS	(8) OLS	(9) OLS	(10) OLS
人际关系	√	√	√	√	√	√	√	√	√	√
乡镇哑变量	√	√	√	√	√	√	√	√	√	√
时间哑变量	√	√	√	√	√	√	√	√	√	√
R^2	0.176	0.163	0.174	0.183	0.166	0.241	0.222	0.237	0.250	0.225
N	1011	1040	1026	1012	1016	1011	1040	1026	1012	1016

注：R^2 在 OProbit 中为 Pseudo R^2，在 OLS 中为 Adjusted R^2；括号内为 t 值；* $p<0.1$，** $p<0.05$，*** $p<0.01$；个体特征包括年龄、收入水平、教育程度、安全感、就业状况等，人际关系包括朋友数量、家人关系、邻里关系等。

表 7 结果表明，在排除个体因素、人际关系因素、地区潜变量及时间潜变量的影响后，经济、教育、医疗和环保等政策与政府腐败指标的交互项均显著为负，社保政策与政府腐败指标交互项为负但不显著。总体而言，尽管改进各类公共政策有助于提升居民幸福感，但这些类型的公共政策对居民幸福感的提升作用均因为政府腐败而降低。由此可见，采取有效措施，将反腐运动深入到基层，降低农村居民感知到的政府腐败，不仅有助于提高农村居民对政府公共治理绩效的评价，而且能够提高农村居民的幸福感。

（四）政府行为影响农村居民幸福感的群组特征

居民对公共政策的评价以及对腐败的容忍度可能因收入阶层和受教育程度有所不同。因此，我们将样本根据受访者家庭收入和受教育水平分别进行分组讨论。所有的回归均控制个体特征变量、人际关系变量、乡镇哑变量和时间哑变量。分析群组特征，也是稳健性检验。

1. 收入阶层分组

农业部数据显示，2015 年中国农民平均收入才突破 10000 元，我们粗略地以三口之家的估算认为调查期（2008 年 7 月—2011 年 4 月）家庭年收入超过 30000 元的为收入较高的农村居民。结合样本数据特征，我们将受访者根据家庭年收入分为三档，低于 6000 元为低收入组，6000～30000 元为中等收入组，30000 元以上为高收入组。表

8 是不同收入群体分组进行回归的结果,所有回归均控制了前述个体特征变量、人际关系变量、乡镇和时间哑变量。简洁起见,仅汇报主要解释变量的回归结果。

表 8 结果显示,低收入组和中等收入组中所有公共政策的系数都显著为正,高收入组中公共政策的系数均不显著。这说明,各类公共政策对中、低收入群体村民的幸福感影响更大,改善经济政策和民生各项政策,对农村中、低收入阶层幸福感的提升最大,对农村高收入阶层幸福感的作用不明显。改进公共政策在农村具有一定的再分配效应。启示:从居民幸福感的角度来看,在全面建设小康社会过程中,除了加大扶贫力度外,全方位改进农村公共服务也具有一定的均等化功能,中、低收入群体从中获益更多。

各类公共政策与政府腐败交叉项的系数仅在低收入组显著且为负。这说明,政府腐败对农村居民幸福感的负面影响在低收入群体中更为严重。可以说,在农村,低收入阶层的居民更厌恶政府腐败。这可能有两方面的原因:一方面,政府腐败往往导致村民开支增大,这对于低收入群体更是雪上加霜;另一方面,腐败通常会导致部分人收入增加或者享受到更多公共品、公共服务,更容易让低收入阶层居民感到不公和愤慨。两方面作用结合,导致低收入群体居民的幸福感更容易因政府腐败而降低。收入群体的这个特征,也为其他相关研究所支持。如 Helliwell 和 Huang(2008)基于世界价值观调查数据研究发现,政府的治理质量不仅在国际范围内对于贫穷国家居民的生活满意度更重要,而且在同一国家内部对穷人生活满意度的影响也更大。

表 8　政府行为对不同收入阶层幸福感的影响

政府行为	低收入组 OProbit	中等收入组 OProbit	高收入组 OProbit	低收入组 OLS	中等收入组 OLS	高收入组 OLS
经济	0.553***	0.280***	0.100	0.267***	0.115***	0.0314
	(4.71)	(4.05)	(0.79)	(4.01)	(3.94)	(0.57)
经济 * 腐败	−0.0995**	−0.0313	0.0121	−0.0480*	−0.0109	0.00480
	(−2.15)	(−1.44)	(0.32)	(−1.80)	(−1.17)	(0.30)
R^2	0.242	0.228	0.259	0.219	0.298	0.208
N	184	617	210	184	617	210
教育	0.493***	0.170***	−0.0278	0.250***	0.0696***	−0.0156
	(3.74)	(2.89)	(−0.25)	(3.23)	(2.70)	(−0.32)

续表

政府行为	低收入 OProbit	中等收入 OProbit	高收入 OProbit	低收入 OLS	中等收入 OLS	高收入 OLS
教育 * 腐败	−0.139***	−0.0298	0.00172	−0.0663***	−0.0109	0.00132
	(−3.58)	(−1.45)	(0.05)	(−2.96)	(−1.19)	(0.10)
R^2	0.236	0.217	0.245	0.213	0.286	0.195
N	186	636	218	186	636	218
医疗	0.435***	0.290***	0.0536	0.220***	0.119***	0.0149
	(3.28)	(4.36)	(0.45)	(2.95)	(4.10)	(0.29)
医疗 * 腐败	−0.124***	−0.0288	−0.0175	−0.0613**	−0.0107	−0.00607
	(−2.87)	(−1.32)	(−0.42)	(−2.41)	(−1.14)	(−0.34)
R^2	0.233	0.226	0.259	0.201	0.298	0.211
N	182	628	216	182	628	216
社保	0.600***	0.273***	0.179	0.291***	0.111***	0.0604
	(4.52)	(3.85)	(1.25)	(3.97)	(3.66)	(1.01)
社保 * 腐败	−0.106***	−0.0224	0.0229	−0.0465**	−0.00839	0.00773
	(−2.58)	(−1.05)	(0.62)	(−1.99)	(−0.93)	(0.51)
R^2	0.240	0.232	0.272	0.215	0.304	0.228
N	181	619	212	181	619	212
环保	0.482***	0.198***	−0.0720	0.245***	0.0824***	−0.0286
	(4.05)	(2.85)	(−0.61)	(3.51)	(2.70)	(−0.57)
环保 * 腐败	−0.106**	−0.0323	0.0145	−0.0505**	−0.0125	0.00651
	(−2.42)	(−1.35)	(0.35)	(−1.99)	(−1.18)	(0.39)
R^2	0.229	0.214	0.263	0.198	0.279	0.212
N	183	620	213	183	620	213

注:R^2 在 OProbit 中为 Pseudo R^2,在 OLS 中为 Adjusted R^2;括号内为 t 值;* $p<0.1$,** $p<0.05$,*** $p<0.01$;所有回归均控制了年龄、收入水平、教育程度、安全感、就业状况等个体特征,朋友数量、家人关系、邻里关系等人际关系,乡镇哑变量和时间哑变量。

2.教育阶层分组

根据样本数据特征,我们将样本分为小学及以下、初中、高中、专科及以上4组。表9是按不同学历分组回归的结果,所有回归均控制了前述个体特征、人际关系、乡镇和时间哑变量。简洁起见,仅汇报主要解释变量的回归结果。

结果显示,各公共政策系数均为正,与腐败的交互项系数均为负,但统计显著性因教育程度不同存在群组差异。经济政策在所有教育分组中均显著,说明不同受教育层次的农村居民均能从改进经济政策中提升幸福感。教育政策的统计显著仅出现在高中及以下各组,说明改进教育政策对受教育层次较低的居民幸福感提升更多。医疗政策仅在专科及以上组的OLS回归中不显著,说明改进医疗政策能普遍提升各受教育阶层的幸福感,但对专科及以上的居民影响不明显。社保政策在所有教育分组中均显著,说明改进社保政策能提升所有居民的幸福感。环保政策仅在初中及以下各组显著,说明农村受教育层次较低的居民从环境政策改进中获得幸福感更多。总体上可以认为,改进各项公共政策使受教育层次较低的农村居民幸福感提升较多。

表 9 政府行为对不同教育阶层幸福感的影响

政府行为	≤小学 OProbit	初中 OProbit	高中 OProbit	≥专科 OProbit	≤小学 OLS	初中 OLS	高中 OLS	≥专科 OLS
经济	0.436***	0.230***	0.319***	2.661***	0.207***	0.108***	0.113**	0.166**
	(3.92)	(2.79)	(2.82)	(4.96)	(3.64)	(2.64)	(2.36)	(2.44)
经济 * 腐败	−0.0330	−0.0182	−0.0977**	−0.538***	−0.0141	−0.00791	−0.0337*	−0.0290
	(−0.87)	(−0.67)	(−2.41)	(−3.94)	(−0.69)	(−0.62)	(−1.88)	(−1.38)
R^2	0.259	0.201	0.224	0.634	0.293	0.229	0.148	0.298
N	241	440	211	119	241	440	211	119
教育	0.180*	0.186**	0.227*	0.264	0.0828	0.0843**	0.0821	0.0262
	(1.92)	(2.48)	(1.82)	(1.26)	(1.63)	(2.25)	(1.57)	(0.50)
教育 * 腐败	−0.0131	−0.0423*	−0.0860**	−0.149**	−0.00253	−0.0187	−0.0310**	−0.0142
	(−0.37)	(−1.82)	(−2.37)	(−2.09)	(−0.13)	(−1.64)	(−1.98)	(−0.77)
R^2	0.233	0.196	0.217	0.522	0.258	0.221	0.144	0.257
N	253	449	218	120	253	449	218	120

续表

政府行为	≤小学 OProbit	初中 OProbit	高中 OProbit	≥专科 OProbit	≤小学 OLS	初中 OLS	高中 OLS	≥专科 OLS
医疗	0.311***	0.224***	0.450***	0.709**	0.156***	0.0994**	0.164***	0.104
	(3.06)	(2.83)	(3.27)	(2.39)	(2.88)	(2.58)	(2.84)	(1.20)
医疗*腐败	0.0109	−0.0386	−0.104**	−0.262***	0.00580	−0.0171	−0.0361**	−0.0354
	(0.30)	(−1.44)	(−2.52)	(−2.94)	(0.32)	(−1.28)	(−2.05)	(−1.41)
R^2	0.251	0.201	0.234	0.544	0.287	0.227	0.168	0.274
N	252	440	215	119	252	440	215	119
社保	0.313***	0.199**	0.481***	1.666***	0.166***	0.0883**	0.169***	0.175**
	(2.81)	(2.41)	(3.37)	(4.46)	(2.74)	(2.16)	(3.01)	(2.46)
社保*腐败	0.0114	−0.0286	−0.0808*	−0.430***	0.00605	−0.0113	−0.0272	−0.0505**
	(0.33)	(−1.06)	(−1.95)	(−4.08)	(0.36)	(−0.88)	(−1.59)	(−2.37)
R^2	0.250	0.205	0.244	0.605	0.288	0.234	0.175	0.305
N	245	435	214	118	245	435	214	118
环保	0.264**	0.257***	0.175	0.780**	0.131**	0.119***	0.0581	0.105
	(2.50)	(3.23)	(1.49)	(2.11)	(2.32)	(2.96)	(1.17)	(1.19)
环保*腐败	−0.0304	−0.0304	−0.0799*	−0.172**	−0.0167	−0.0112	−0.0276	−0.0228
	(−0.72)	(−1.07)	(−1.90)	(−1.97)	(−0.70)	(−0.81)	(−1.59)	(−0.96)
R^2	0.234	0.198	0.222	0.555	0.250	0.230	0.143	0.268
N	246	437	215	118	246	437	215	118

注：R^2 在 OProbit 中为 Pseudo R^2，在 OLS 中为 Adjusted R^2；括号内为 t 值；* $p<0.1$，** $p<0.05$，*** $p<0.01$；所有回归均控制了年龄、收入水平、教育程度、安全感、就业状况等个体特征，朋友数量、家人关系、邻里关系等人际关系，乡镇哑变量，时间哑变量。

各公共政策与腐败的交互项在小学及以下组不显著；初中组仅有教育政策与腐败的交互项在有序 Probit 回归中在 10% 置信水平下显著，其他交互项均不显著；交互项的统计显著较多地出现在高中及以上各组且随公共政策类型有所差异。总体上可以认为,初中及以下学历的农村居民幸福感更少受到腐败的影响,政府腐败更多地降低受教育层次较高(高中及以上)的农村居民的幸福感。居民幸福感受政府腐败影响程度呈现出的这种教育程度群组特征,也为其他文献佐证。如 Hakhverdian 和 Mayne(2012)基于欧洲跨国数据研究发现,在腐败程度比较严重的地区,居民受教育程度越高,对政府的信任和评价越低,而且腐败对居民政治信任的影响随教育程度提高而增强。

五、结　论

本文将政府在各类公共政策方面的治理绩效和其廉洁度相结合,考察政府行为如何影响农村居民幸福感,获悉基本事实、作用机制和群组特征,剖析政府公共治理绩效和腐败对农村居民幸福感的交互作用,识别村民感知的腐败对公共政策评价的影响,区分不同层级腐败作用的差异。从居民的角度较为全面地认识政府行为的后果,有助于探索改进政府行为的领域和方向,增强农村居民获得感。

本文基于马得勇、王正绪主持的"中国乡镇民主与治理调查"数据库中农村居民对政府各层级腐败、公共政策和自身幸福感的主观数据进行实证分析,尽管有其缺陷,但对于获悉居民如何综合看待治理绩效和腐败等特征事实具有探索性意义,且能发现不同层级政府腐败微观后果的异质性。结果表明,在排除了收入水平等个体因素,邻里关系等人际关系因素,乡镇固定效应和时间固定效应的影响后,经济政策和民生政策(教育、社保、医疗、环保等)均能显著正向影响农村居民幸福感,各层级政府及村委会的腐败则显著负向影响居民幸福感。在政府层级中,腐败层级越低,对农村居民幸福感的负面影响越大。政府腐败水平降低了农村居民对各项公共政策的评价,削弱了公共政策对幸福感的提升作用。从家庭收入来看,家庭收入阶层较高的农村居民对政府腐败具有较高容忍度,较低收入阶层对政府腐败具有较低的容忍度,低收入阶层农村居民从公共政策中获得的幸福感更容易因政府腐败而降低。改进各项公共政策增加幸福感的作用,对于中、低收入阶层农村居民更强,对高收入阶层农村居民不显著。从受教育水平来看,初中及以下学历的农村居民对政府腐败更具有容忍性,高中及以上学历村民从公共政策中得到的幸福感更容易因政府腐败而降低。

本文的发现具有较强的政策含义。农村居民人口众多,相对于城市居民收入层次较低且享受到的公共品或公共服务更少、更差。无论是促进农村同步实现小康社会,还是切实让老百姓享有更多获得感,都应该关注农村居民的幸福感。我们的研究表明,改进经济政策和民生政策均能提高农村居民幸福感,并且收入较低的阶层幸福感的提升更多,有助于促进均等化。在反腐倡廉如火如荼的当下,将反腐进行到基层,切实提高村民感受到的廉洁度,不仅有助于提高农村居民的幸福感,而且能够提升村民对政府治理绩效的评价,这种作用对受教育水平较高的村民更为重要。提高幸福感应是让农村居民拥有更多获得感的应有之义,需要完善公共政策和提高廉洁度双管齐下。

主要参考文献

［1］Angeles L,2011. A closer look at the easterlin paradox. The Journal of Socio-Economics,40(1):1-73.

［2］Bjornskov C,Dreher A,Fischer J A,2010. Formal institutions and subjective well-being:revisiting the cross-country evidence. European Journal of Political Economy, 26(4):419-430.

［3］Brockmann H,Delhey J,Welzel C,et al.,2009. The China puzzle:falling happiness in a rising economy. Journal of Happiness Studies,10(4):387-405.

［4］Clark A E,Frijters P,Shields M A,2008. Relative income,happiness,and utility:an explanation for the easterlin paradox and other puzzles. Journal of Economic Literature,46(1):95-144.

［5］Easterlin R A,Mcvey L A,Switek M,et al.,2010. The happiness-income paradox revisited. Proceedings of the National Academy of Sciences,107(52):22463-22468.

［6］Easterlin R A,Morgan R,Switek M,et al.,2012. China's life satisfaction, 1990—2010. Proceedings of the National Academy of Sciences,109(25):9775-9780.

［7］Easterlin R A,1974. Does economic growth improve the human lot? Some Empirical Evidence//David P A,Reder M W. Nations and Households in Economic Growth:Essays in Honor of Moses Abramovitz. New York:Academic Press:89-125.

［8］Ferrer-I-Carbonell A,Frijters P,2004. How important is methodology for the estimates of the determinants of happiness. Economic Journal,114(497):641-659.

［9］Guriev S,Zhuravskaya E,2009.(Un)Happiness in transition. The Journal of Economic Perspectives,23(2):143-168.

［10］Hakhverdian A,Mayne Q,2012. Institutional trust,education,and corruption:

A micro-macro interactive approach. The Journal of Politics,74(3):739-750.

[11] Helliwell J F,Huang H,2008. How's your government? International evidence linking good government and well-being. British Journal of Political Science,38(4): 595-619.

[12] Knight J,Gunatilaka R,2011. Does economic growth raise happiness in China. Oxford Development Studies,39(1):1-24.

[13] Knight J,Lina S,Gunatilaka R,2009. Subjective well-being and its determinants in rural China. China Economic Review,20(4):1-649.

[14] Li L,2004. Political trust in rural China. Modern China,30(2):228-258.

[15] Lin C A,Lahiri S,Hsu C,2014. Happiness and regional segmentation:does space matter. Journal of Happiness Studies,15(1):57-83.

[16] Luttmer E F,2005. Neighbors as negatives:relative earnings and well-being. The Quarterly Journal of Economics,120(3):963-1002.

[17] Meer T V D,Hakhverdian A,2016. Political trust as the evaluation of process and performance:a cross-national study of 42 European countries. Political Studies,65 (1):81-102.

[18] Ng S,Ng Y,2001. Welfare-reducing growth despite individual and government optimization. Social Choice and Welfare,18(3).

[19] Ng Y K,2008. Happiness studies:ways to improve comparability and some public policy implications. Economic Record,84(265):253-266.

[20] Rodriguez-Pose A,Maslauskaite K,2012. Can policy make us happier? Individual characteristics, socio-economic factors and life satisfaction in central and eastern Europe. Cambridge Journal of Regions,Economy and Society,5(1):77-96.

[21] Tella R D. Macculloch R,2008. Gross national happiness as an answer to the easterlin paradox. Journal of Development Economics,86(1):22-42.

[22] Wassmer R, Lascher E, Kroll S, 2009. Sub-national fiscal activity as a determinant of individual happiness:ideology matters. Journal of Happiness Studies, 10(5):563-582.

[23] Wu Y,Zhu J. When are people unhappy? Corruption experience, environment, and life satisfaction in mainland China. Journal of Happiness Studies,17(3):1125-1147.

[24] Zhao D, 2009. The mandate of heaven and performance legitimation in historical and contemporary China. American Behavioral Scientist, 53(3):416-433.

[25] 陈刚,李树,2013. 管制、腐败与幸福——来自 CGSS(2006)的经验证据. 世界经济文汇(4):37-58.

[26] 胡洪曙,鲁元平,2012. 公共支出与农民主观幸福感——基于 CGSS 数据的实证分析. 财贸经济(10):23-33.

[27] 廖永松,2014. "小富即安"的农民:一个幸福经济学的视角. 中国农村经济(9):4-16.

[28] 鲁元平,张克中,2010. 经济增长、亲贫式支出与国民幸福——基于中国幸福数据的实证研究. 经济学家(11):5-14.

[29] 熊彩云,孟荣钊,史亚峰,2014. 我国农民幸福指数的实证研究. 农业经济问题,35(12):33-40.

Public Policies, Corruption and Rural Residents' Happiness

Abstract: This paper focuses on the relationship between rural resident's happiness and local public policies and corruptions in China, trying to figure out the stylized facts, mechanism and heterogeneity based on one rural survey dataset of the residents' subjective perception. The empirical results show that both local economic policies and social welfare policies are significantly and positively related to rural residents' happiness, while corruptions are in contrary. Corruptions have negative effect on residents' satisfaction with local public policies. Corruptions in the lower level government are stronger in negative effect, as the corruption in village is followed by the town government and county government, while the corruptions in provincial and upper government are irrelevant. The lower income group will get more happiness from better local public policies and the more educated group will get more happiness from the reduction of corruptions. There should be more anti-corruption movements in lower level government, which will increase the residents' perception of local policies and individual happiness simultaneously. Better public policies and anti-corruption movements are equally important for rural residents' happiness.

Key words: satisfaction of public policies; hierarchy of corruption; happiness

长江流域大保护体制机制创新研究[*]

◎魏　涛　张　青　胡　凯　刘望辉

摘　要：长江流域大保护是一项系统性、整体性、协同性工程。当前,长江流域大保护面临较多的体制机制障碍。在体制方面,行政管理"九龙治水",流域管理区域分割,财政资金分散,事权财权不匹配以及生态补偿缺位。在机制方面,发展规划不统一、相互冲突;行政执法令出多门、相互推诿;考核机制激励不相容。实现长江流域从大开发到大保护的转变,关键是要打破部门和地区的利益藩篱,在体制机制方面破旧立新,以"大体制实现大保护"为总体思路,以"一个机构、一个基金、一套考核指标体系"为抓手,开创上下联动、部门协作、区域协同,齐心协力共抓大保护的良好局面,实现经济发展与生态保护相协调的"大保护"目标。

关键词：长江流域;大保护;体制机制

　　几千年来,长江以其丰富的自然资源、独特的生态系统,为流域经济发展提供源源不断的要素投入。自南宋以来,长江流域已成为托起中国经济的脊梁。目前,长江经济带面积约 205 万平方公里,占全国面积的 21%,人口和经济总量均超过全国的 40%。长江经济带已发展成为我国综合实力最强、战略支撑作用最大的区域之一。

　　但自 20 世纪末重工业化进程加速推进以来,由于高强度、不合理的大开发,海量工业废水、农业污水、生活污水和垃圾等向长江无序排放,长江污染程度远超自身的水体净化能力和环境承载容量,长江流域生态岌岌可危。一是长江水质不断恶化,全流域仅有 50% 左右的水功能区达标,38 条主要干流上的 72 个监测断面中,能达到三类

---

　　* 基金项目:国家社会科学基金项目(15BGL047);湖北省委政研室(省改革办)项目(ZKCG201610)。

　　魏涛,湖北经济学院财政与公共管理学院,weitao@hbue.edu.cn;张青,湖北经济学院财政与公共管理学院,james_q_zhang@126.com;胡凯,武汉理工大学经济学院;刘望辉,湖北经济学院经济与贸易学院。

以上水质的断面只有 36 个,面积大于 0.5 平方公里的 4000 多个湖泊,半数以上已处于不同程度的富营养化状态;二是长江流域的水土流失严重,水土流失面积已从 20 世纪 50 年代的 36 万平方公里增加到现在的 56 万平方公里,占全国水土流失面积的36%,占长江全流域面积的 32%;三是森林覆盖率急剧减少,长江流域的原始植被丧失了 85%,上游森林覆盖率已由 20 世纪 50 年代初的 30%～40%,下降到现在的 10%左右;四是湿地面积不断萎缩,20 世纪 50 年代以来,长江中游 70%的湿地已经消失。由此可见,长江流域的生态环境已非常恶劣,保护长江母亲河刻不容缓。如果不从根本上改变长期以来长江流域"重开发轻保护"的发展战略,就不能从大趋势上扭转长江流域不断恶化的生态轨迹,长江流域生态从恶化到改善的拐点将难以出现。正是在这样严峻的形势下,2016 年 1 月 5 日,习近平总书记在重庆召开推动长江经济带发展座谈会,强调当前和今后相当长一个时期内,要把修复长江生态环境摆在压倒性位置,共抓大保护,不搞大开发。

打破几千年来长江流域奉行的大开发历史惯性,实施大保护新型发展战略,既是一项前无古人的伟业,更是一块难啃的硬骨头。近年来,中央和地方政府对长江流域生态治理重视程度不可谓不高,投入的财政资金不可谓不多,但收效甚微,究其原因,虽有理念、技术、组织、协调等方面的问题,但体制、机制方面的缺陷更为根本。实现长江流域大保护地域与领域的全覆盖,促进长江流域大开发向大保护逻辑的根本转变,加快生产生活方式调整,加大环境整治力度,绝非依靠对现有生态治理体制、机制加以边际调整所能实现,而是需要建立一套以行政管理体制和生态财政体制改革为统领,以发展规划机制、行政执法机制和政府考核机制改革为依托,具有系统性、层次性和激励相容的新型长江流域大保护体制机制。

一、长江流域大保护的内涵与任务

(一)长江流域大保护的内涵

与以往碎片式、零敲碎打式"小保护"不同,新时期长江流域"大保护"应体现迥异于以往分散、被动、运动式治理等的特征。具体来说,长江流域大保护的内涵集中体现在以下五个方面:

1.覆盖地域之大

长江流域大保护首先体现在保护对象覆盖面积之大。长江流域干流以及每一条支流、沿岸山体、植被、土壤以及与长江相连的水域(比如湖泊)都应纳入长江保护的范围,不如此则不足以实现流域的全面保护。其次,长江流域大保护是一场面向流域全部地区的自然资源与生态环境的整体性保护战役。换句话说,要开展长江流域大保护,必然要在保护面向上实现流域全境范围的全覆盖,只有如此,才能符合长江流域大保护的基本规律,才能从根本上保障长江流域大保护政策目标的最终实现。

2.涵盖领域之大

习近平总书记说:山水林田湖是一个生命共同体,人的命脉在田,田的命脉在水,水的命脉在山,山的命脉在土,土的命脉在树。一语道破了生态系统需要协调保护的根本要求。长江流域生态系统各物质要素是一个整体,不可分割,只保护流域中的一个要素,不足以支撑整个生态系统的良性运转,只有实现对流域生态系统中各领域的协调、全面保护,才能实现流域保护的可持续性。长江流域大保护不能局限于单一领域,而应着眼于整个生态系统。简言之,破坏长江生态系统中任一要素,都是对整个生态系统的破坏。而要治理长江流域的某一要素——比如水,则既要看水量、水质、水文等问题,还要综合看岸线的山体(如山体滑坡)、土壤(土壤侵蚀、泥土流失)、植被(林木砍伐),沿线与长江流域相通的湖泊、湿地(如湿地和湖泊水质恶化、水量减少、面积萎缩)等问题,以及水生动植物的生存繁衍环境、生态群落布局以及生态循环等问题。

3.逻辑转变之大

2016年9月正式印发的《长江经济带发展规划纲要》,明确长江经济带发展的基本思路是以生态优先、绿色发展为统领,把保护和修复长江生态环境放在首要位置。与以往发展优先、治理为次的思路迥异,新时期长江流域发展的首要任务是保护好生态,其次是实现生态文明和经济发展的双赢。强调生态优先、绿色发展,既不是为保护而保护,更不是不要发展、放弃发展,而是要实现生态与发展相兼容的绿色发展。

4.调整范围之大

长江流域大保护是牵一发而动全身的系统工程,生态优先、绿色发展的新型发展理念要求转变现行生产生活方式,在增长方式、产业布局、城镇布局以及消费模式等方面实施全方位的结构转型。

5.整治力度之大

长江流域开发已有几千年,而近百年来开发造成的局部不可逆破坏尤其令人触目惊心,不采取雷霆措施、霹雳手段不足以扭转日益恶化的生态环境。按照习近平总书记提出的"要把修复长江生态环境摆在压倒性位置"的刚性要求,在理念上确立治水是修复长江生态的关键,是建设生态长江、绿色长江的龙头,把长江流域水环境治理放在突出位置。在施策上坚持"行动要快、力度要大、执法要严",以长江水质保护倒逼各级政府及有关部门加大生态环境保护力度。"水"清必须"源"清,实现长江"水"清,必须抓沿江污染排放、抓长江支流水质,此乃治水之"源"。在源头上加强督察,严格执法,实现应察尽察全覆盖。

(二)长江流域大保护的主要任务

1.增长方式调整

转变经济增长方式是一个老大难问题,自"九五"计划提出以来,这一问题在全国范围内一直没有得到有效解决。以高能耗、高污染、高排放为特征的重化工业在沿江省(自治区、直辖市)制造业中的占比较高,且大多分布在长江沿岸,向高端、高质、高效的新型增长方式转变面临的挑战极其艰巨。实现长江流域大保护必须突破这一瓶颈,否则,沿袭粗放式增长老路,大保护势必成为无源之水、无本之木。实现增长方式的转变,按照十八届三中全会关于"使市场在资源配置中起决定性作用和更好发挥政府作用"的改革要求,以长江流域大保护为契机,推动长江经济带绿色发展,实现经济内生增长。

2.产业绿色转型升级

一是采用循环生态农业模式,大力发展生态农业。通过新建和升级一批生态农业示范区,实现农业生态与农业发展齐头并进。二是以技术改造和技术创新推进制造业绿色转型升级。一方面以供给侧改革为抓手,加快淘汰落后和过剩产能,实现高能耗、高排放和高污染行业的绿色转型。另一方面要通过技术创新,发展战略性新兴产业、高新技术产业,实现高端制造业的绿色、可持续发展。三是加快服务业绿色发展。一方面大力促进环境友好型生产性服务业的成长,优先发展以物流、金融、教育、科技和商务服务为代表的绿色生产性服务业。另一方面要响应人民群众日益增长的旅游休闲、健康娱乐等生活服务升级需求,重点推进生态旅游、文化、体育、家庭服务等绿色消费性服务业的发展。

3.产业布局调整

与增长方式转变相适应,优化沿江产业布局。沿江各省(自治区、直辖市)应以生态承载力为产业发展的基础和底线,从水资源供给、开发需求、地域与产业协调及可持续发展的角度出发,化解沿江工业、港口岸线无序发展的问题,逐步调整沿江整体密集开发的空间布局,建立与环境容量、资源约束相适应的产业开发格局。

4.城镇布局调整

城镇化是经济增长的新引擎,但无序发展、规划不当,既降低城市的资源集聚力和影响辐射力,也导致大量生产生活污水、垃圾等向长江干支流无序排放,构成长江大保护的"隐形杀手"。要根据《长江经济带发展规划纲要》提出的"一轴、两翼、三极、多点"

空间布局要求,以沿江大中小城市和小城镇为依托,形成区域联动、结构合理、集约高效、绿色低碳的新型城镇化格局。

5. 消费模式调整

与生产方式调整相适应,消费模式上也需要向绿色消费转型。绿色消费是指以节约资源和保护环境为特征的消费行为,主要表现为选择高效、环保的产品和服务,降低消费过程中的资源消耗和污染排放。根据 2016 年 2 月国家发改委等部门联合发布的《关于促进绿色消费的指导意见》,推进长江流域大保护,需要在消费理念、消费行为、消费制度和政策设计上下功夫。

6. 加大环境整治力度

通过"查、关、治、罚、复、退"强化环保专项整治。"查、关、治、罚、复、退"是系统性治理举措,"查"强调整治行动要快,"关"强调整治决心要大,"治"强调整治行动要实,"罚"强调责任追究要严,"复"强调修复效果要好,"退"强调空间布局要优。

二、长江流域大保护体制机制存在的问题

长江流域大保护是一项系统性、整体性、协同性工程。长期以来,长江流域保护采取的是分散化、碎片化的小体制和弱机制:在体制方面,行政管理"九龙治水",流域管理区域分割,财政资金分散,事权财权不匹配以及生态补偿机制缺位;在机制方面,发展规划不统一、相互冲突,行政执法令出多门、相互推诿,考核机制激励不相容,大保护理念与举措难以落实。体制机制弊端导致逐利型监管、群龙无首等乱象丛生,无法形成监管合力,并留下大量监管盲区,致使监管效率低下,上下游陷入以邻为壑的"囚徒困境",流域协同治理难以破题。

(一)行政管理体制——九龙治水

当前,长江流域大保护的行政管理体制不健全、不科学、不合理,相关部门权责边界不清,各自为政。利益部门化导致扯皮、争权、夺利、卸责等乱象,现行行政管理体制无法适应长江流域大保护的需要。

第一,行政权力配置碎片化。我国生态保护职责分散在不同主管部门中。机构设置不合理,职权配置不科学,导致监管权力横向分散、多头管理,难以形成多部门监管合力。一方面,生态保护管理机构重复设置现象普遍。部门间权限界定模糊,对各部门如何协作的法律规定不详,导致各部门囿于本部门利益,对有利可图的事务竞相主张管辖权,对于己不利的事务和责任,则相互推诿,产生"踢皮球"的现象。另一方面,

生态保护"统管""分管"分工不明确,缺乏统筹协调机制,导致部门和地区保护主义盛行。在实践中,统管和分管部门权限配置的法规过于笼统、模糊,导致众多环境管理部门的行政执法出现异化现象,职权行使偏离了行政目标和行政法制原则,各部门从自身利益出发,对其他部门行使生态保护职权采取不合作、不支持、不协助的消极态度。比如,在长江流域非法采沙问题整治上,海事、海警、航道管理和环保部门环境管理权力的碎片化配置导致监管不到位,对非法采沙活动打击不力,偷采行为猖獗。

第二,省级以下地方政府责任制难以落实。从激励机制来看,由于政府职能转变不到位,各级地方政府面对生态保护问题,有自己的利益考量和行为选择。省级政府强调经济、社会发展与生态保护相协调,但由于生态保护成本高昂,省级以下各级地方政府缺乏投入的积极性。尤其是在目前的财税体制下,地方政府实际上是一个"谋利型政权经营者",更关注短期内的经济发展而非生态保护问题。从约束机制来看,由于上下级政府间信息传递链条过长,省级以下地方政府有足够的能力控制辖区"自然状态"信息和"当事人信息",当条块管理出现利益冲突时,地方保护主义就会抬头。这导致在生态保护问题上省级以下地方政府存在强烈的机会主义倾向。

第三,区域、流域生态保护陷入"囚徒困境"。长江流域大保护涉及上下游各个地区之间的利益协调,当前,跨区域的生态保护合作才刚刚起步,地区之间的合作缺乏法律依据,也缺乏有效的议事程序和争端解决办法,致使跨区域环境问题的解决困难重重,这在长江流域水污染防治方面尤为明显。湖北通过"河长制"初步解决了流域环境管理体制中的利益协调问题,但长江流域上下游之间还缺乏跨区域的生态保护合作机制。

(二)财政体制——事权与支出责任不匹配、环保专项转移支付碎片化、生态补偿机制不健全

由于行政管理体制掣肘,现行的环境财政管理体制不适应长江流域大保护的需要,存在以下三个方面的问题:

第一,政府间事权与支出责任界定困难且不匹配。一方面,跨流域污染治理和生态保护存在较强的外部性,如何划分长江流域保护的事权和支出责任是一个棘手的问题。事权和支出责任划分不清,上下游政府不愿协同治理,导致污染日益严重。另一方面,长江流域保护是一个综合系统,不仅涉及水,还涉及空气、土壤,因此,与长江大保护相关的各项事权不仅包括水污染的治理,还包括大气污染防治、土壤重金属污染治理、自然生态保护、天然林保护、退耕还林以及各类环境监测等,事权种类相对较多,且不同的事权受益范围、受益程度不同,比如土壤重金属污染治理,受益范围相对较窄,对于长江大保护来讲,属于间接和长期受益。这些不同类型的事权如何在不同层级政府之间进行划分,目前并没有明确的规定,导致各个地方缺乏污染治理和生态保护的内生动力。更为常见的是,各级政府为了发展本地经济,不仅不注重污染治理和生态保护,反而选择忽略甚至"保护"各类污染行为。虽然国务院在 2016 年 8 月下发了《关于推进中央与地方财政事权和支出责任划分改革的指导意见》,将跨流域大江大河治理这一事权明确界定为中央事权,但具体到长江流域的污染治理和生态保护,事权与支出责任界定非常复杂。另外,由于事权和支出责任不匹配,地方政府没有足够的财力履行与长江大保护相关的事权。

第二,环保专项转移支付碎片化。目前,针对生态保护的专项资金很多,资金总体规模亦相当可观,但没有设立长江流域大保护专项资金。专项资金大多切块到各个部门,并分配到各个处室或科室,导致专项资金的分配和管理政出多门,各个部门甚至不同的处室或科室都有自己的一套分配办法和考核机制。对某些项目,不同部门的专项资金重复投入,而另外一些项目却无法获得专项资金的资助,从而导致分配失衡。此外,这种碎片化的分配方式形成了大量小专项,水利、环保和农林部门切块到地方的很多专项金额仅 1 万～2 万元。这种碎片化的分配和管理模式导致重复投入和投入不足并存,财政专项资金在部门之间的分割导致环保财政专项资金无法统筹使用,大大降低了环保专项资金的使用效率。

第三,生态补偿机制不健全。一是生态补偿范围偏窄,主要集中在森林、草原、矿产资源的开发方面,流域、湿地、海洋等生态补偿尚处在起步阶段,耕地及土壤生态补偿尚未纳入工作范畴。二是标准偏低且不统一。对生态保护和生态补偿基金,目前并没有统一的口径,中央、省和市州对哪一些项目应纳入生态补偿基金的看法不太一样,导致上级政府对地方补偿标准偏低。比如在丹江口,现有森林面积近 300 万公顷,享受国家补贴的只有 198 万公顷,有三分之一的森林没有享受国家补助;国家公益补偿的标准是每亩 200 元,这个补偿标准比较低,无法吸引农民退耕还林。三是生态补偿资金来源渠道和补偿方式单一,现有生态补偿以纵向补偿为主,缺乏横向补偿机制,导致部分地区生态保护积极性不高。补偿方式上更多采用普惠制,没有根据不同地方经济发展水平建立差异化的补贴方式。四是生态补偿资金支付和管理办法不完善。目前还没有建立统一的生态资金支付和管理办法,不同部门的管理办法存在冲突,资金执行效果堪忧。

(三)发展规划机制——规划不协调、相互冲突

经过改革开放 40 多年的探索发展,我国初步建立了以土地利用总体规划、城乡规划、区域规划为主体的国土空间规划体系,在工业化、城镇化和农业现代化进程中发挥了重要作用。但规划存在不少突出问题,突出体现在"纵向"自上而下的部门垂直管理和"横向"管理多规并行、相互渗透。规划内容交叉、管制重叠、标准不一的各类规划复杂交错,共同对空间进行规划布局和管制。传统规划偏重于经济要素,忽略社会、环境、生态等重要因素,具体来讲,主要表现在三个方面:

第一,横向看,各部门牵头编制的规划确实存在"规划自成体系、内容冲突、缺乏衔接协调"的问题,各个规划的关系没有理顺。国民经济和社会发展规划、土地利用规划、城市总体规划、环境保护规划之间存在着诸多问题:环境保护规划被动依据其他三个规划等进行编制,环境规划主要是任务型和指标性的规划,缺乏系统的空间管理,难以从区域、流域范围,依据生态环境格局和资源环境承载力,预先确定发展的"生态红线",使得环境保护规划的基础指导作用难以发挥;此外,各个规划的基础数据不一致、目标不协调,编制主管部门间缺乏有效沟通,导致规划衔接性缺失。这一切严重影响了长江流域保护的系统性、整体性和协同性。

第二,纵向看,不少地方规划重局部轻全局、重当前轻长远,存在地区分割、各行其是,急功近利、贪大求全等问题,有的甚至为形象工程、政绩工程张目,导致国家规划的管控作用在逐级落实中层层衰减,使不同层级、不同辖区的空间发展、资源利用、环境保护等战略和政策难以有效实施,影响各级政府共抓长江流域大保护。

第三,规划过程中科学论证不够,随意修改规划现象比较普遍,一些地方出现党政"一把手"规划专权乱象,使长江流域大保护失去了硬性约束。

(四)行政执法机制——令出多门、相互推诿

长江流域生态保护行政执法存在以下三大突出问题:

第一,执法成本高,执法困难重重。在环境保护行政执法过程中,执法者在明处,而排污者在暗处,两者对排污状况(污染物的种类、数量、浓度、排放规律等)存在的信息不对称。执法者根据举报或污染现象进行查处必须举证,而环境污染案件中的证据,具有专业性强、技术含量高和潜伏性、累积性、交叉性、间接性等特征,取证难度很大,必须投入大量的人力、物力、财力,导致执法成本居高不下。取证难的一个关键因素是硬件设备跟不上。目前间歇性排放水超标、大气污染物排放超标等取证技术、监测技术还有待开发。而有助于发现企业违法行为、及时收集证据的远程实时监测技术,有助于缩小乃至锁定污染源和违法主体的特征污染物的鉴定分析设备,大部分基

层执法单位还没有完全配备。

第二,环境执法涉及部门多,执法效能低下。环境行政执法的范围十分广泛且复杂,涉及众多部门。我国环境保护实行环境保护行政部门总管和其他部门分管相结合的管理体制,有权行使环境行政管理权的机构众多,统一监督管理部门和分管部门的关系不明确,管理职能重叠交叉,执法职责范围划分不清。统管部门如何协调分管部门执法,分管部门如何配合统管部门执法,分管部门之间如何协同执法,都没有明确具体的规定,相互关系也没有理顺,致使统管变成了空管,分管变成了不管。执法部门单兵作战、各自为政,相互推诿扯皮,影响了执法效能。长江流域排污涉及工业污染、农业面源污染的方方面面,环保、水利、航道、海事、城建、农业等部门都有权监管,其职责范围难以明确,导致执法质量和效力大打折扣。

第三,地方保护使环保部门执法畏首畏尾、缩手缩脚。环境管理实行双重领导体制(业务上归上级环保部门领导、人财物等方面归地方政府领导)。环保管理部门是地方政府的一个职能部门,人事和财务都受制于地方政府,名义上是"双重领导",实际上是以地方领导为主。地方政府面临财政、就业等各种压力和约束,使其立场与环保部门不一致,在行政执法时常常遇到各种干预。基层环保执法单位对工业园区、重点保护单位、领导不点头项目不敢查,有些案件明明事实清楚、证据确凿,就是处理不了,最终虎头蛇尾、不了了之,严重削弱了环保行政执法的权威性。

(五)政府考核机制——已具雏形、尚需完善

近年来,各级政府都将生态文明纳入考核指标体系,并开展了一系列生态文明考核制度建设。部分省(自治区、直辖市)将生态环保指标纳入县(市、区)党政领导班子考核指标体系,探索实施自然资源资产负债表编制和领导干部自然资源资产离任审计制度。我国已经初步建立起有利于长江流域大保护的考核指标体系,但仍然存在以下问题:

第一,包括生态考核在内的政绩考核体系缺乏针对性。大部分省(自治区、直辖市)缺乏针对不同类型的主体功能区的差异化政绩考核体系。比如,在湖北省,丹江口市作为南水北调水源区,生态考核要求更严格,但在 GDP 考核方面,并没有区别对待。在作为粮食主产区的荆州,由于偏重粮食总产和单产的考核,导致农药、化肥过度使用,农业面源污染严重。

第二,生态文明考核权重较低。对于把生态文明纳入政绩考核体系的地方,山水林田湖等自然资源、能源消耗、环境质量和生态效益等指标所占的比重较低,已经进入政绩考核的生态指标也没有实现生态空间、生态经济、生态环境、生态生活、生态制度和生态文化等领域的全覆盖。

第三,跨流域生态考核机制尚不完善。由于环境污染的外部性影响在不同流域和辖区之间难以界定,在技术方面难以确定污染源,导致污染责任不清,使得科学、合理、有效的生态考核机制难以落实。

三、长江流域大保护体制机制改革建议

长江流域保护涉及的各种利益关系盘根错节,"一刀切"的行政命令和运动式执法只能治标,难以治本。实现长江流域从大开发到大保护的转变,必须标本兼治,打破部门和地区利益藩篱,在体制机制方面破旧立新,以"大体制实现大保护"为总体思路,以"一个机构、一个基金、一套考核指标体系"为抓手,开创上下联动、部门协作、区域协同,齐心协力共抓大保护的良好局面,实现经济发展与生态保护相协调的"大保护"目标。

(一)总体思路

以"大体制实现大保护"的总体思路,体现在以下几个方面:

在行政体制上,改革"九龙治水、条块分割"的小体制,建立"一龙当先,九龙合一"的大体制。"一龙当先"即党委和政府是主龙,党委和政府主推,自上而下将党委和政府的主体责任落实到位;"九龙合一"即在党委和政府的领导下,设立一个统筹规划协调机构,整合各职能部门的职能和资源,形成"大保护"合力,打造"一龙当先、群龙群舞"的协同治理大体制。

在财政体制上,加快落实国务院《关于推进中央与地方财政事权和支出责任划分改革的指导意见》,明确中央、沿江各省(自治区、直辖市)以及省以下地方政府在长江流域大保护方面的事权和支出责任。根据事权特点和受益范围不同,界定省、市(州)和县(市)相关事权和支出责任,实现财力与事权和支出责任的相匹配,形成激励相容的生态保护财政体制。整合各级各类环境治理、生态补偿专项资金,纳入财政和社会增量资金,引导各省(自治区、直辖市)设立一个包含生态补偿、生态治理、生态产业引导的综合性改革发展基金,作为长江流域生态修复和绿色发展双赢的重要杠杆和抓手。

在机制上,一是借鉴海南省"多规合一"经验,统筹规划,加快推进"多规合一"改革;二是总结和推广流域综合执法试点改革经验,明确执法主体,在长江流域开展综合执法;三是推广领导干部自然资源资产离任审计制度和生态环境损害责任终身追究制度,建立基于自然资源资产负债表的政绩考核机制。

(二)三个抓手

为了落实长江流域大保护体制机制改革的总体思路,必须有解决现行体制机制问题的抓手,从机构、资金和激励三个方面入手,推动长江流域大保护体制机制创新。

1.进一步充实"推动长江经济带发展领导小组"的职能,建立"四位一体"的组织架构

中央和沿江各省(自治区、直辖市)都成立了"推动长江经济带发展领导小组",负责统一指导和统筹协调长江经济带发展战略的实施,协调跨地区跨部门重大事项。长江流域大保护涉及的范围广、部门多、工作杂、难度大,不仅需要一个统一的机构统筹协调,还需要统一的机构开展综合执法和考核。建议推动长江经济带发展领导小组建立"四位一体"的组织架构,将政策规划制定、综合执法、资金引导和政绩考核有机地结合起来,建立以"政策规划为统领、发展基金和综合执法为推手、政绩考核为手段"的组织架构,发力推动大保护(见图1)。

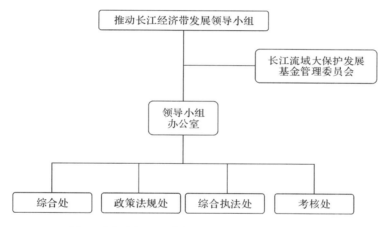

图1 "推动长江经济带发展领导小组"组织架构

政策规划处负责大保护政策法规的制定和规划的统一、协调。具体来讲,贯彻实施国家有关长江流域大保护的法律法规和方针政策,拟订地方性法规和地方政府规章草案,并负责发布后的组织实施和监督检查;根据《长江经济带发展规划纲要》,构建"多规合一"的大保护规划体系,采取"1+N"的模式,形成一个总体规划、N个专项规划。规划编制强化生态环保硬约束,建立负面清单,严格环境准入标准,加强环境容量、资源承载能力控制,为长江经济带未来长远可持续发展留足绿色空间。

综合执法处负责指导大保护的综合执法工作。一是以职能转变为核心,整合环境保护行政执法职能,理顺关系,实现权责一致和执法重心下移。调整归并执法机构和执法队伍,减少多层、多头执法现象,优化人员结构,降低执法成本,提高执法效能,完

善大保护综合执法运行机制。二是依法行政、规范管理。规范大保护综合执法机构的设立,明确机构的定位和职责;完善综合执法机构编制管理,规范执法行为,强化监督约束机制,提高执法的能力和水平。三是将综合执法工作与深化行政管理体制改革、事业单位改革,创新政府管理方式有机结合起来,省、市(州)、县(市)综合执法改革上下联动,统筹规划,整体推进,分级实施。

考核处负责自然资源资产负债表的编制,制定大保护考核制度和指标体系。通过自然资源资产负债表,建立有利于大保护的新型政府考核体系。由考核处组织考核各级政府、各部门的大保护工作,并将地方行政首脑晋升以及长江流域大保护基金分配与考核结果挂钩,调动各级政府和部门共抓大保护的积极性。

综合处负责大保护领导小组办公室的日常管理工作,负责推动长江经济带发展领导小组会议的准备工作,负责督促、检查会议决定事项的落实情况,以及承办上级交办的其他事项。

2.建立长江流域大保护发展基金

中央和省(自治区、直辖市)已经建立了生态补偿制度框架,针对森林、草原、水资源和水土保持、矿山环境治理和生态修复以及重点生态功能区都建立了相应的生态补偿和财政转移支付制度。生态补偿制度的建立与实施,为生态保护和治理提供了资金支持和制度保障。但生态补偿仍然存在补偿范围偏窄、补偿标准偏低、补偿资金来源渠道和补偿方式单一以及补偿资金支付和管理办法不完善等问题,导致生态补偿资金规模偏小和资金"碎片化",难以有效发挥生态补偿资金促进长江流域"大保护"的作用。2016年3月25日,中共中央政治局审议通过的《长江经济带发展规划纲要》提出"长江生态环境保护是一项系统工程,必须打破行政区划界限和壁垒,有效利用市场机制,更好发挥政府作用,加强环境污染联防联控,推动建立地区间、上下游生态补偿机制,加快形成生态环境联防联治、流域管理统筹协调的区域协调发展新机制。"2016年4月28日发布的《国务院办公厅关于健全生态保护补偿机制的意见》(国办发〔2016〕31号)明确提出要进一步健全生态保护补偿机制,推进生态补偿体制机制创新,试点先行、稳步实施。将试点先行与逐步推广、分类补偿与综合补偿有机结合,大胆探索,稳步推进不同领域、区域生态保护补偿机制建设,不断提升生态保护成效。根据上述文件精神,建议开展生态补偿体制机制创新试点,以推动沿江各省区市成立"长江流域大保护发展基金"为重要抓手,破解生态补偿基金规模过小、使用效率过低的难题,积极推进生态补偿体制机制创新。

长江流域大保护发展基金秉承"权责统一、合理补偿、政府主导、社会参与、市场导向、分类补偿与综合补偿相结合"的原则,旨在打破部门和地区藩篱,通过引入政府与社会资本合作的投融资机制,构建"中央与地方激励相容、政府与社会合作共赢"的长江流域大保护生态补偿机制,充分发挥政府财政资金的引导和杠杆作用,实现生态补偿资金使用"整体化、集约化",提高生态补偿资金的使用效率。

长江流域大保护发展基金由政府发起并设立,在推动长江经济带发展领导小组下设长江流域大保护发展基金管理委员会。基金管理委员会负责基金管理、资金分配和效果评估与监督。长江流域大保护发展基金作为大保护的母基金,下设三个子基金,分别是长江流域生态补偿基金、长江流域生态治理基金和长江流域生态产业引导基金。长江流域生态补偿基金整合纵向和建立横向财政生态补偿,主要用于长江流域生态保护,采用因素法与绩效考核相结合的分配方式和一般性转移支付的管理模式,旨在激励各级地方政府开展生态保护,体现"谁保护,谁受益"原则;长江流域生态治理基金整合各项环境治理专项资金和引入社会资本,主要用于长江流域污染治理和生态修复,采用竞争性分配和项目化管理方式,旨在提高环保专项资金的使用效率,体现"谁污染,谁治理"原则;长江流域生态产业引导基金由省财政出资和引入社会资本,主要用于引导生态产业发展,采用市场化运作和项目化管理方式,旨在强化资金的绿色引导作用,体现"绿色发展"原则。长江流域大保护发展基金与子基金的关系如图2所示。

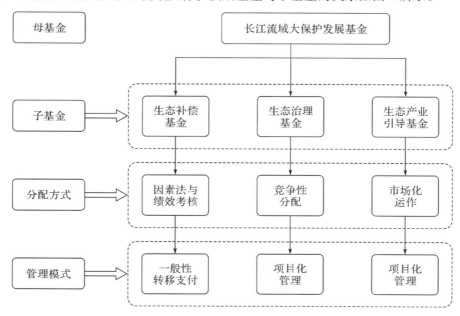

图 2　长江流域大保护发展基金与子基金关系

(1)长江流域生态补偿基金

长江流域生态补偿基金属于一般性转移支付的范畴，并不指定资金的用途，资金获得者既可以将其用于生态保护方面，也可以用于其他方面。确保这部分资金的生态保护效果主要通过生态考核的方式实现，即通过每年考核地区的生态指标完成情况，决定该地区下一年度生态补偿基金的拨款，奖优罚劣。

长江流域生态补偿基金的资金来源主要有三大块：一是来自中央的各项生态补偿资金，包括中央森林生态效益补偿基金、草原生态补偿基金、水资源和水土保持生态补偿基金等；二是省内横向转移支付，即通过每年对各地区进行生态考核，对考核不达标的地区给予处罚，所有罚款都进入长江流域生态补偿基金；三是一部分排污费、水资源费和污染企业罚款。

推动长江经济带发展领导小组负责制定长江流域生态补偿基金的规章制度、生态考核办法和标准。长江流域大保护发展基金管理委员会根据上述规章制度管理长江流域生态补偿基金，与财政部门协调负责跟踪拨款进度，并对基金使用情况进行监督和绩效考核。

长江流域生态补偿基金的分配对象主要是省级以下的地方政府，鼓励各市（州）设立各自的长江流域生态补偿基金。

长江流域生态补偿基金采用因素法和绩效考核法进行分配，其中 20% 的资金采用因素法分配，主要考虑地理面积、人口、城镇化率等因素，剩下 80% 采用绩效考核的方式分配，主要考察大气质量、土壤环境质量和断面水质标准，根据国家相关法律法规要求，设立统一的底线标准，根据城市和农村、大城市和小城市等因素设置不同地区的达标标准，同时为了鼓励各地区改善生态环境，在达标标准的基础上设立优异标准。对没有达到底线标准的市（州），处以罚款，对没有达到达标标准的市（州），取消下一年长江流域生态补偿基金，对达到优异标准的市（州），在下一年基金分配中，给予额外奖励。

(2)长江流域生态治理基金

长江流域生态治理基金属于专项资金的范畴，其不同于现行财政专项转移的地方在于，通过设立这个基金，将分布在各个部门的专项资金进行整合，实现统一管理。资金不再按部门分配，而是按项目分配，避免同一项目多头申请资金，多部门考核解决财政资金"碎片化"管理导致的重复投资、投资不足等问题，提高财政资金的使用效率，缓解专项资金地方配套给地方政府带来的财政压力。

长江流域生态治理基金的资金来源主要有三大块：一是来自中央各个部委以及省

级财政对下级政府与环境保护和治理相关的各个专项资金;二是一部分排污费、水资源费、相关的政府性基金和污染企业罚款;三是通过PPP模式引入的社会资本。

推动长江经济带发展领导小组负责制定长江流域环境治理和生态修复的规章制度、考核办法和标准。长江流域大保护发展基金管理委员会根据上述规章制度管理长江流域生态治理基金,与财政部门协调负责跟踪拨款进度,并对基金使用情况进行监督和绩效考核。

长江流域生态治理基金采用项目化管理模式,全省环境治理和生态修复项目均可以向基金管理委员会提出申请。

基金管理委员会在生态保护规划的范围内,采用竞争性分配的方式择优选择项目,重点考虑生态和社会效益俱佳的项目,对采用PPP投融资模式引入社会资本的项目予以优先支持。

(3)长江流域生态产业引导基金

长江流域生态产业引导基金属于政府引导性基金,由财政出资,带动社会资本投资生态产业。

长江流域生态产业引导基金的资金来源主要有两大块:一是财政出资;二是各类金融、产业投资基金等社会资本。

推动长江经济带发展领导小组负责制定生态产业规划,研究制定支持生态产业引导基金发展的相关政策,审定引导基金的投资规划、收益分配、清算等方案以及政府出资让利方案,批准子基金设立等,长江流域大保护发展基金管理委员会统筹实施政策指导、监督管理、绩效考核,选定引导基金管理机构和引导基金托管银行。全省所有符合生态产业规划的企业、项目均可提出申请。基金采用市场化运作模式。

3.建立有利于大保护的政绩考核机制

大保护要求构建新型政绩考核机制,通过编制自然资源资产负债表,建立以实现大保护为目标的激励约束机制。切实加大奖惩力度,科学运用考评结果改进工作、追究责任,把考核指标完成情况与干部任免使用紧密结合起来,与大保护资金的分配结合起来,坚决实行"一票否决"制,使长江流域大保护考核真正由"软约束"变成"硬杠杠"。

(1)构建有利于大保护的政绩考核指标体系

一是调整领导干部政绩考核内容,增设"大保护"板块,将资源环境类、生态经济类指标纳入考核内容,尽快出台一套涵盖经济、资源、环境、社会等方面的领导干部"大保护"考核指标体系,全面体现五大发展理念。

二是制定领导干部"大保护"考核标准与细则。建议结合节能减排、耕地保护、水资源保护、大气污染防治等相关政策"红线",出台一套可操作的评判标准和实施细则。

三是正视不同主体功能区、不同地区之间的巨大差异,对长江流域大保护实行分类考核制,对限制开发区域和生态脆弱的国家扶贫开发工作重点县取消 GDP 考核,允许各地根据本地长江流域大保护实际情况增加特色考核指标。

(2)建立长江流域大保护的生态统计监测体系

为保证长江流域大保护评价和政绩考核的科学性和准确性,加强资源、环境、生态等方面的统计监测势在必行。

一是编制自然资源资产负债表。建立资源环境生态统计数据库,夯实大保护政绩考核的数据基础,保证统计的独立性和专业性。

二是加强大保护政绩考核指标的动态监测。重点研发、引进和推广应用先进适用的生态监测技术,加快资源环境生态监测设施、台站和网络的建设,规范管理,充实生态监测在政绩考核中的重要作用。

三是推进大保护的信息公开和共享。对大保护资源环境生态信息实行负面清单管理,建立大保护资源环境生态负面信息恶意隐瞒"一票否决"制,建立健全资源环境生态信息的共享机制。

(3)构建长江流域大保护的考核奖惩机制

第一,改革党政干部考核评价任用制度,建立与大保护考核实绩挂钩的领导干部奖惩机制。一方面将大保护考核结果与干部选拔、评优评先挂钩,让扎实推进大保护的干部不吃亏、受重用、得表彰,形成领导干部"共抓大保护"的导向和活力。另一方面,建立领导干部大保护问责机制。运用考评结果改进工作、追究责任,对在考核中发现问题的单位和个人,要及时督促整改,并建立整改责任追究制;对在大保护考评中发现决策失误、执行失误与严重渎职的干部,在评优和使用上实行"一票否决"制。同时,推行领导干部自然资源资产离任审计、建立长江流域生态环境损害责任终身追究制度,对做表面虚功、竭泽而渔、盲目决策并造成严重后果的领导干部,严格追究其责任。

第二,将考核结果与长江流域大保护发展基金分配相结合。实行长江流域生态补偿基金分配与大保护的考核指标体系的相统一,优先支持在大保护中做出突出贡献的市(州)和县市,调动各级政府参与大保护的积极性。

主要参考文献

〔1〕李志萌,盛方富,孔凡斌,2007.长江经济带一体化保护与治理的政策机制研究.生态经济,33(11):172-176.

〔2〕王佳宁,2016.长江上游地区联动发展的体制机制创新.改革(7):18-24.

On the Institution and Mechanism Design of the Yangtze River Basin Comprehensive Protection

Abstract: The comprehensive protection of the Yangtze River basin is a systematic, holistic and collaborative project. The comprehensive protection faces many obstacles. In terms of the institution, the pollution control is managed by different administrative departments; the watershed management is divided by region; the financial funds of protection are dispersal, the division of administrative authority and fiscal power of central and local governments is mismatch; the ecological compensation is always absent. In terms of mechanism, the development planning isn't uniform but conflicting, the administration is enforced by different departments which shirk their accountabilities, and the assessment mechanism is incentive and incompatible. To realize the transformation from development focus to protection paradigm, the key is to break down the barriers of bureaucratic and regional interests, to establish an incentive and compatible institution to achieve comprehensive protection.

Key words: the Yangtze River basin; comprehensive protection; institution and mechanism

商君的法制悖论[*]

◎李炜光

　　商鞅,众所周知的战国时代法家人物,由其言行和思想汇编而成的法家学派代表作《商君书》29篇,现存24篇,主张依法治国、重农抑商、重战尚武、重刑轻赏,贬斥儒家思想,推崇国家至上。因战功获封商地十五邑,故号为商君,其变法堪称千古一变。公元前356年和前350年的两次改革,为秦国崛起而成为列国霸主,乃至日后统一东方六国,奠定了坚实的制度和物质基础。商君的每一项变法举措均依凭强权、遵法而行,法律执行的彻底性达至中国古代极致,后人有称之为"法圣"者。其以李悝"法经"为蓝本精心建构的秦律,以王权凌驾于法律之上作为变法第一元素,诸项法条均为王权衍生之物,而君主严格掌控法律的最终解释权。建立在严刑酷法和人性自利基础上的新法,虽使商君达成了强秦梦想,却也埋下了日后秦王朝走向覆亡的种子。

一、重刑理论和依法治国

　　在中国法制史上,商君是第一个提出重刑理论的思想家。他宣称:"禁奸止过,莫若重刑。"(《商君书·赏刑》)在该书《靳令》中他又说:"行刑,重其轻者,轻者不至,重者不来,此谓以刑去刑,刑去事成。罪重刑轻,刑至事生,此谓以刑致刑,其国必削。"短短一段话,竟含着八个"刑"字,突出反映了法家重刑思想。重刑有刑多赏少、先刑后赏,以及轻罪重刑等几层意思,目的是"以刑去刑",达到消灭犯罪、治理国家的目的。

　　商君认为,治理国家不能仅凭君主个人的自我感觉和主观判断,而是要依靠法律,必须实行"一刑制"。《商君书·赏刑》篇的解释是:"所谓壹刑者,刑无等级,自卿相、将军以至大夫、庶人,有不从王令、犯国禁、乱上制者,罪死不赦。"商君变法就是要在秦国树立法律的绝对权威,举国事务,唯法律为大,在"刑无等级"的原则下,任何人都必须

---

　　*　李炜光,天津财经大学,guangli203@yahoo.com.cn。

依从于法律,法不阿权贵。

商君明确反对儒家的"以德去刑"观,认为"德生于刑","杀刑之反于德,而义合于暴"(《商君书·开塞》),即刑罚最终会归于道德,而仁义表现出的反而是残暴。这是一种偏狭的法制观,对中国法制文化产生了深至现代的影响:整个"中华法系",贯穿着刑罚主义思想,权力至上、工具主义、崇尚暴力的思维根深蒂固。

商君有些思想论述还是颇为可取的,《商君书·定分》中说:"一兔走,百人逐之,非以兔为可分以为百,由名之未定也。夫卖兔者满市,而盗不敢取,由名分已定也。故名分未定,尧、舜、禹、汤且皆如鹜焉而逐之;名分已定,贪盗不取。"《慎子》也说过相似的话,讲的都是一个道理:社会各个主体之间要形成一种确定和稳定的权利义务关系,个人财产才可能是安全的,社会才有可能是和谐的。这个思想来自管仲的"定分止争"论,也是中国法律精神的精髓所在,可以认为是一句中国的法律格言,本来应该在历史上发挥更大的作用,可惜后世子孙不肖,没有把它传承下来。

"一兔走街"论与西方法谚"风能进雨能进国王不能进",在言及私人财产权的时候经常被人们同时引用,但细细读来,这两者其实是有区别的。"一兔走街"说的是确定物归谁所有,解决的是法律确权的问题。众人逐一兔而不逐百兔,肯定不是只需要一只兔子,即使真的只需要一只兔子,人们也不会停下追逐其他兔子的脚步,这才符合人的天性,问题的关键是兔子有没有主。而"国王不能进"说的是在已知物归谁所有的前提下,物之所有人的权利不能被他人任意侵犯,解决的是维权的问题。两者之间,前者是后者的基础,后者是前者的延伸。当代《物权法》第一条明确规定,明确物的归属是该法的主要目的之一,可以认为是对两千多年以前古老法条的呼应。距离虽遥远,但终于踏上坦途,实属万般不易。

商君变法前后21年,为秦国制定了一系列法令,不夸张地说,大多得到了认真的贯彻执行。《商君书·定分》载:"公问于公孙鞅曰:法令以当时立之者,明旦欲使天下之吏民皆明知而用之,如一而无私,奈何?"在新法出台之前,秦孝公问的是,法令制定之后,如何才能让新法深入人心,变成每个人自觉的行动呢?这涉及司法方面一个十分重要的问题。对此,商鞅的回答是:"夫微妙意志之言,上知之所难也。夫不待法令绳墨而无不正者,千万之一也。故圣人以千万治天下。故夫知者而后能知之,不可以为法,民不尽知。贤者而后知之,不可以为法,民不尽贤。故圣人为法,必使之明白易知。"这段话的意思是,隐晦难懂的文字,就是上等人也不容易理解;不需要法律约束就合乎规矩的人,千百万人里可能也就一两个,所以君主应当根据大多数人的文化水平来表达法律的内容,而不是以少数智者的水平为依据。文化水平高的人才能理解、贤能人士才能领悟的东西,不能树立为普遍适用的尺度。因为芸芸众生并不都是贤者和能者。既如此,统治者制定法律条文,就必须以让天下百姓家喻户晓,以听得懂、看得见、记得住为行文原则。《定分》篇中申张的"明白易知"这一司法原则,打破了自商周以来"刑不可知"的传统,即使在当代法治社会,依然被视为法治原则之一。

商君接着说:"为置法官,置主法之吏,以为天下师,令万民无陷于险危。"(即所谓以吏为师)主管法令的官吏必须准确和及时地向前来问询的百姓解释法令条文,如果不能尽到责任,百姓因法条不明确而犯了罪,所犯之罪又正是他所询问的那一条,就要追究该官吏的法律责任,依该条法律治罪。同时要把法律答问的内容记录在案,注明时间,存档备查。即使这名法官死去,也要按照符片上记载的内容办理案件。1975年,湖北云梦县睡虎地出土了1000多枚秦简,记录了158条《秦律》条文和190条司法解释。这个制度由商鞅建立,一直到秦始皇时期仍在执行。

《战国策·秦策》曰:"商鞅治秦,法令至行,公平无私。罚不讳强大,赏不私亲近,法及太子,黥劓其傅。"商君在变法图强过程中表现出超群的胆识和魄力,彻底改变了"刑不上大夫"的传统。太子犯法,他下令处罚太子的老师,一个割鼻,一个刺字,保证了新法得以全面贯彻,无可阻挡;为秦制定型,同时载入史册,难以比拟。

二、变法效率与人性勾连

法家之所以反感儒家,是因为他们道德高调虽然唱了不少,在国家和社会的管理水平和效率方面却历来乏善可陈,空谈者众多,实干者稀少。商君则不然,他十分重视法律条文的制订和解释,在法律的公开性和逐条落实方面做到了几乎无懈可击的地步。凡违法者,必受到严厉制裁,国王以下所有人都参与其中,一视同仁,带有很强的普遍性。商君之法之所以产生高效率,其原因还不止于此,他所建立的规则,是力图在人的行动和行动的结果之间建立某种联系,即如果你要做 X,就能够获得国家奖赏给你的利益;如果你做 Y,就什么也得不到。不仅什么都得不到,还会受到国家的惩罚。

这是个冷酷到极点的逻辑。问题在于,秦人并不因其冷酷无情而拒绝接受这种奴役与利益混杂在一起的规则,或者说,秦人接受商君的规则并不完全是被迫,而是很大程度的自愿接受。也唯有其自愿,秦国几乎所有的人都被轻而易举地捆绑在"耕战"这辆战车上,整个国家瞬间变成了一部战争机器。而东方六国却没有一个国家可以做到这一点,在资源动员能力和军队战场表现上远逊于秦国,差距就是这么拉开的。尽管这是一种暂时性的军事管制状态,却让秦国在较短时间内获得了发动一场大规模战争的资源和能力,商鞅变法也因此而获得巨大成功。

秦人为什么愿意接受这种使人最大限度失去自由的苛刻条件呢？应该是人性使然。人性普遍具有自私倾向,追求自身利益最大化是常态,一定条件下不惜以自己的自由换取物质利益。既然人是自私、自利的,商君就通过奖励军耕的逐项措施给你谋私、求利的机会,让个体追求私利的行为与国家所要达到的目的联结起来,这便是商君变法之所以获得成功的奥秘所在。在人性问题上,儒家采取的是回避的态度,而法家采取的是坦然直面的态度,这便产生了截然相反的效果。

在这个问题上,商君致力建构的是法律或规则的必然可信,而不是跟谁讨论法律制度的伦理问题,这是他不能得到大部分人理解的主要原因。他把制度的伦理问题和制度的运作分开理解,而不像儒家那样混杂在一起。这种分析问题的"两分法",与马基雅维利的《君主论》做法是一样的,区别只是马基雅维利终究还是接受共和思想的,认为利益应该在君主、贵族和百姓之间保有必要的平衡,君主不能做得太过分,特别是不能染指民众财产,否则将政权不保。而法家的逻辑是,一个游戏只要可信就可行,只要可行就有效,为此不惜整个体制扑上去追求那个最终效果。这不仅冷酷,也是一种十分可怕的逻辑,在中国历史上曾经产生过深远的影响。

三、法之局限和历史影响

商君主张法律平等施用于所有人,但有一人例外:君主。刑不上君主,君主保持独裁不变,完全不受新法的约束。《商君书·修权》强调:"权者,君之所以独制也,人主失守则危";"权制独断于君则危"。这是一种趋向极端的君主专制思想,极力强化的是一种为皇权专制体制"看家护院"的制度。他小心翼翼地将法律制裁控制在"卿相将军、大夫庶人"的范围之内,但无从面对君主违法的事实;他把群臣和百姓统统关进了法律的笼子,但君主一人却可以提着钥匙站在笼子外面。

在商君的眼中,国家不是可以与臣民共有的公物,而只是属于君主的私产;法律只是君主进行有效统治的工具,没有其他用途。商君已经认识到"法之不行,自上犯之",力劝君主"不可须臾忘法"(《史记·商君列传》),实际上就是"君主守法"的问题——但皇上一旦出错怎么办？这是中国法制思维面临的一面难以逾越的墙:君主在法之上,还是在法之下的问题。商鞅已经触及了法制的根本性问题,但受思维和历史的局限,他的认识也只是到此为止,再难前进一步。

在中国历史上,法律不是保护自由和民众权利的屏障,而是君主意志的体现、从属于专横的权力。人们直接面对的是黑暗的法条和酷吏,自然不会信任和信仰法律。法律不可缺,但从来不是最重要的东西。从秦始皇往后,历朝历代的皇帝都凌驾于法律之上,任意践踏法制;他们犯的是同一种错误,但皇权体制的性质决定了任何法律对他们都无可奈何。

这便是商君的局限性所在。在他手中,秦国俨然形成了一个法制社会,被迅速打造成一个东方六国惧怕的战争机器,但仅限制君权这一点做不到,秦国就是一个专制到极致的社会。商君改革大业虽然可成,但最终仍不免走上穷途末路,而他本人也成为自己精心设计、维护的制度的受害者。同一个命题、同一种制度设计,却出现了两个结论、两种结果,而且这两个结论、两个结果又能自圆其说,两种结果又都不可避免,这就是本文将商君体制称为"法律悖论"的原因。

商君之后,中国不再有政治,只剩下了统治。如哲学家赵汀阳说的,商君终结了中国政治。统治是政治问题,但不全是政治问题,其要义是追问权力来源的合法性和正当性,国民是否认可和接受等等。在中国历史上,这些问题都在可以讨论的范围之外,如鲍鹏山老师所说,极权体制下,连如何歌颂极权都会成为问题,因为如果歌颂不好,反而会惹祸上身。在这种国家,政治不存在了,剩下的便只是如何使政权运作更有效率的技术性问题了。于是,施政的目的转而变成了施政的依据,成为人们追求的目标了。

商君之后,统治者们不再关心权力以外的事情,他们主要关切的问题只是如何维护权力,确保王朝的长治久安。秦始皇统一六国后不惜挥霍巨大资源,建长城、治驰道,为的是显示皇权威严;焚书坑儒,打击六国旧贵族,严防政治对手的潜在勾结,因为任何异端之说和政治集团的存在都是对皇权的威胁。在这样的社会里,政治是不可以讨论的,权力是不能被质疑的,所有的政治问题都是敏感问题,莫谈国事成为人们的理性选择。实际上也无政治可谈了,因为在这样的社会里,政治已经不存在了。

商君之后,人们也不会再去思考如何防范政治权力过大、伤及国民自身产权之类的问题,而是开始不懈地追求权力本身,关心的只是将来谁当老大和自家获得何种官职的问题。在这样的社会里,人只是作为工具存在,因此绝不会产生任何公共精神,人的思想、人的精神、人的创造力是一个逐渐被消灭的过程,所以这样的社会必然是一盘散沙。如果说它还有力量,也是靠强权维持的某种假象,最终必然会像沙砌一样轰然坍塌。从秦国崛起到秦王朝统一以致王朝 15 年速亡,完整演绎了一个极权统治的盛衰过程,这样的故事在这之后的中国历史上又重复上演过多次,但很少被人们真正引以为戒。

公元前 246 年在位)是开国君主托勒密一世的儿子。他的第一任妻子阿尔西诺一世
(Arsinoe I,公元前 305—公元前 248 年)是色雷斯国王利西马克斯(Lysimachus,公元
前 306—公元前 281 年在位)的小女儿。利西马克斯与托勒密一世原先都是亚历山大
大帝的手下名将,两人曾经是亲密无间的战友。公元前 323 年,年仅 33 岁的亚历山大
大帝离奇死亡,他麾下的将军们为了争夺帝位相互残杀,亚历山大帝国很快分崩离析。
托勒密一世抢得埃及,而利西马克斯争夺色雷斯,他们分别建立了希腊化的王朝,直至
最后都被罗马吞并。

  托勒密二世后来与其姐姐阿尔西诺二世(Arsinoe II,公元前 316—270)结婚,这
符合埃及自法老时代以来的惯例,但希腊人觉得不可理解,因此托勒密二世获得了一
个"姐姐爱慕者"(Ptolemy Beloved of his Sibling)的诨名。图 4 的金币正面为托勒密
二世、阿尔西诺二世在一起的头像,上方有希腊文币文 AΔΕΛΦΩΝ,意即姐弟的钱币
(coin of the siblings)。同样让人不可思议的是,阿尔西诺二世也是二婚,她的第一任
丈夫正是色雷斯国王利西马克斯——按照辈分论,阿尔西诺二世实际上是阿尔西诺一
世的后母,真是让人大跌眼镜!

图 4 托勒密二世和阿尔西诺二世的金币

　　美国学者博登·海默在《法理学：法律哲学与法律方法》中指出："法律是人类最伟大的发明。别的发明，让人类学会驾驭自然，而法律的发明，则让人类学会如何驾驭自己。"所谓驾驭自己，就是宪法政制的问题，其核心之意和政治基础，与世界各国普遍持有的价值相通，即当人世间有一种权力存在的时候，应该有另一种权力管住它。秦的历史告诉我们，一个不受约束的权力到头来会怎样对待它的人民，以及它最终的命运会是什么。

主要参考文献

［1］石磊,2010.商君书.北京:中华书局.

［2］赵汀阳,2009.坏世界研究.北京:中国人民大学出版社.

［3］王耀海,2014.商鞅变法研究.北京:社会科学文献出版社.

国家转型时代的立法者商鞅*

◎刘守刚

在中国古代史上,一直以来对商鞅有两种截然不同的评价:一派肯定商鞅在治国理财方面的贡献,而另一派则指责商鞅个人的道德缺陷或者批评他提倡的治国方案缺乏德行基础。尤其到了后期,许多学者甚至根本不提商鞅的功绩,而只抨击他个人、他构建的制度或者他主张的治国方略中存在的道德问题。直到近现代中国在国家转型时期,这样的评价才出现变化,有越来越多的声音开始肯定商鞅变法的勇气与功绩。但同时也出现了另一种声音,即按照现代价值观来抨击商鞅变法中所包含的专制主义色彩。

在今天,对于商鞅该如何评价? 一方面,我们当然应该认识到他的治国方案中的缺陷。另一方面,即使考虑到这些缺陷,我们也可将商鞅定位为"国家转型时代的伟大立法者"。

一、商鞅为城邦向帝国转型奠定基础

为了研究国家在历史中的变化,学者们尝试着对国家进行类型的划分,并将特定时空中的某个国家归入其中一个类型。在对国家类型进行概括时,有一种意见是,根据国家的三要素(人口、土地和主权)将国家分为三种类型:城邦、帝国和现代国家。这三种国家类型,分别以上述三种要素中的一种作为自己的支撑点,依此形成三种国家类型:城邦以人口为支撑点,帝国以土地为支撑点,现代国家以主权为支撑点。在人类历史上,国家类型的发展轨迹大致是,从城邦转型为帝国,又从帝国转型为现代国家。

在所有类型的国家中,公共权力都是国家共同体的核心,没有公共权力的存在也就没有国家。只不过,随着人类从城邦、帝国走向现代国家,公共权力的承载体和表现

---

* 刘守刚,上海财经大学公共经济与管理学院,liu893005@126.com。

形式也发生了变化。城邦以人口为支撑点,公共权力主要由人格来承载,表现为权威(结合了统治权与个人魅力),即在一个群体中由具有人格魅力(因其血缘、年龄、知识或能力超越他人)的人行使公共权力。帝国以土地为支撑点,公共权力由财产(土地)来承载,占有土地的人掌握着对该土地上附着人口进行统治的公共权力,即公共权力借由君权(结合了统治权与财产权)来表现自己。现代国家以主权为支撑点,公共权力由制度化的各级组织来承载,而各级组织(其核心是代议制组织)又是经民众同意而设立的,此时公共权力表现为主权(统治权脱离了人身而由组织来行使)。从公共权力的视角看,国家以公共权力为核心,国家类型的转换与公共权力表现形式的变化,其实质是公共权力不断自我实现的过程,即统治权不断地公共化,人类朝着实现自我统治的目标前进。

根据这一国家类型的划分方法,商鞅所处的时代,正是中国从城邦向帝国转型之际。因此,商鞅在秦孝公时期实施的变法,与后世王朝中期单纯的财政改革就有很大的不同,它事实上是在为即将到来的整个帝国时代而立法。

制度要成体系才能真正发挥作用,商鞅在秦国变法期间坚持了系统化的原则,他所设计的制度变革既有价值取向的指导,又有组织基础的支撑,还综合考虑了财经、行政、文化教育等体制结构的因素,而且使它们相互补充和配合。这一体系化变法过程及因此而形成的制度体系,在秦国、秦王朝乃至后世历代王朝都有着显著的影响。在价值上,商鞅坚持"利己"的人性基础(区别于墨家的"兼爱"),坚持"进化史观"(区别于儒家的"退化史观"),坚持"法治"治国方略(区别于儒家的"德治"),坚持"竞争性"对外战略(区别于道家的"与人无争")。这样的价值基础,后来在汉代虽然被儒术所柔化,但"明儒暗法"的基本价值取向以及礼法融合的制度精神仍大量保留。在组织上,商鞅明白,只有把人组织起来才能实现治理的目标,于是他在秦国原有的国家组织基础上加以变革,形成了在战国时代颇为有效的民众组织(户籍制、乡里什伍制)和统治集团组织(军功爵制),从而为秦统一六国奠定了组织的基础。哪怕到了后世,这些组织也大多得以保留或在此基础上加以改进。除了价值取向与组织基础外,商鞅还建立起完整的体制结构,该结构涵盖财经体制、地方政府体制和文化教育体制等方方面面,这些体制结构为大一统帝国奠定了基础,也在后世大多得以保留或成为改进的基础。

二、商鞅的时代立法者地位

由此可见,从地位上来说,商鞅并非单纯的革除弊病的改革者,而是国家转型时代的立法者。什么是立法者？卢梭对这个问题做出过极为深刻的论述。在他看来,真正的法律必须是民众为自己制定的,如此民众才是幸福而自由的,而这样的法律体现的必然是公意。但问题是,特定时空中的人群对于公意的判断未必是明智而正确的,如此才需要立法者的出现,以便让个人意志服从自己的理性,让公众认识自己真正的愿望。他在《社会契约论》中的原话是这样的,"服从法律的人民就应当是法律的创作者;规定社会条件的,只能是那些组成社会的人们","人永远是愿望自己幸福的,但是人民自己并不能永远都看得出什么是幸福","公意永远是正确的,但是那指导公意的判断却并不永远都是明智的","个人看得到幸福却又不要它;公众在愿望着幸福却又看不见它","两者都同等地需要指导","所以就必须使前者能以自己的意志服从自己的理性;又必须使后者学会认识自己所愿望的事物","正是因此,才必须要有一个立法者"。对于这样的立法者所要具备的素质,卢梭的要求是相当高的,甚至认为相当于神明,"为了发现能适合于各个民族的最好的社会规则,就需要有一种能够洞察人类的全部感情而又不受任何感情所支配的最高的智慧","要为人类制订法律,简直是需要神明"。

因此,在某种程度上,商鞅(及秦孝公)扮演的就是他那个时代的立法者或者卢梭所说的"神明"的角色。由于人与自然关系的变化,春秋战国之交的中国需要一种新的制度类型来处理人与自然的关系以便赢得最大化生存的机会。这样,用以依托于土地、所有权与统治权合一的君权为核心来构建帝国,以代替依托于人口、依靠统治者权威(即"德行")来治理的城邦,实属那个时代内在的要求,目的在于帮助现有的人口对外夺取额外的土地,对内采用更有效率的制度结构来安排人口与资源的关系。这样一种历史的内在目的性要求,事实上就是卢梭所谓的"公意";这样的公意对于那个时代的人群(尤其知识分子)来说只能模模糊糊地感觉到,却未必能准确地表达出来,或者即使表达出来也未必能予以实施。因此,商鞅与秦孝公的因缘际会,并在那个时期的秦国发动大规模变法,事实上就是在为整个中华帝国立法或者说执行公意。从这个意义上说,张觉先生在《商君书导读》中将商鞅评价为"一个具有'高人之行'、'独知之虑'的政治家与改革家""一个正直而杰出的法治实践家""一个杰出的法治理论的奠基者"并不过分。

在今天,不少人因商鞅提倡"力"而非"德"的原则,要求以强力为根基,再辅之以刑赏、农战、排儒、弱民等手段构建起强国之术,而抨击他为一个帮助自私君主荼毒天下的帮凶。要说明的是,这样的帮凶在历史上比比皆是,商鞅的许多说法也确实可以这样去理解或者被后世君主所利用。但作为帝国来临时代的立法者和伟大的政治家,商鞅并非如此简单。事实上,商鞅赞成的是运用君主专制的手段(即帝国政制)来为那个时代人群的生存服务,并非纯粹为君主的私心效劳。或者说,正如帝国政制设计的目的(将所有权与统治权合一),利用的是君主为个人、家族的私心来激励他为天下之人服务。事实上,君主单纯为个人私利而运用权力的行为受到了商鞅的坚决反对。在《商君书·修权》中,他说,"故尧、舜之位天下也,非私天下之利也,为天下位天下也。论贤举能而传焉,非疏父子、亲越人也,明于治乱之道也。故三王以义亲,五霸以法正诸侯,皆非私天下之利也,为天下治天下。是故擅其名而有其功,天下乐其政而莫之能伤也。今乱世之君、臣,区区然皆擅一国之利而管一官之重,以便其私,此国之所以危也。故公私之交、存亡之本也"。

三、国家转型时代呼唤立法者

将商鞅视为国家转型时期的伟大立法者,并不是说他毫无缺陷。今天读商鞅,当然不是要重复商鞅变法中那些不适用于现代国家的思想和做法,而是要体会在国家转型的伟大时代需要伟大的立法者这一根本性的历史要求。1840年以来,中国经历的是从帝国向现代国家转型,即以主权为支撑点而重构国家:主权的合法性来源于它经由组成共同体的民众授权而形成,这种授权不是虚拟的或一次性的,而由常设组织与定期选举(即代议制)来表达;主权的行使是在私人产权与自愿交换的基础上,目的在于实现人对个人权利的追求以及共同体的发展与繁荣。在这样的转型进程中,时代仍呼吁有勇气、有决心、突破旧有窠臼、推动转型完成并将国家导入新秩序的伟大立法者。

古史上的钱币疑云[*]

◎丁骋骋

"安息"是我国史书对古波斯帕提亚王朝(公元前 247—公元 224 年)的称呼,它是古典世界的四大帝国(罗马、安息、贵霜和汉朝)之一。公元前 247 年,帕勒—达依人的部落领袖阿萨克斯(Arsaces,约公元前 247—公元前 211 年在位)取代了刚从塞琉古王朝独立不久的安德拉戈拉斯(Andragoras),建立帕提亚王朝。公元前 2 世纪初,塞琉古王朝在罗马的打击下日薄西山,帕提亚却日益强盛,米特拉达特斯一世(Mithradates I,公元前 171—公元前 138 年在位)统治时期,帕提亚先后击败了东部的巴克特里亚和西边的塞琉古,他的继承者弗拉特斯二世(Fraates II,公元前 138—公元前 128 年在位)在位时将塞琉古王国的大部分领土,包括美索不达米亚(两河流域)在内,纳入帝国版图。自此,帕提亚帝国的疆域大致确定,东抵巴克特里亚,西达幼发拉底河,北到里海,南濒波斯湾,成为雄踞西亚、中亚的大帝国。

公元前 128 年,张骞到达安息时,正是安息的鼎盛时期。《史记·大宛列传》记载:"安息在大月氏西可数千里。其俗土著,耕田,田稻麦,蒲陶酒。城邑如大宛。其属小大数百城,地方数千里,最为大国。临妫水,有市,民商贾用车及船,行旁国或数千里。"除了安息的一些基本情况外,书中还专门有关于此地货币的记载:"以银为钱,钱如其王面,王死辄更钱,效王面焉。"意即安息使用的银钱,正面为国王的头像,国王死后钱币也跟着换,也以国王头像作为图案。

司马迁是张骞同时代的人物,《史记》中关于西域的记载主要来自张骞。东汉班固的《汉书·西域传》中,也有关于安息差不多相同的记载:"民俗与乌弋、罽宾同。亦以银为钱,文独为王面,幕为夫人面,王死辄更铸钱。"两大史书记载不同之处是,《汉书》说安息银币的背面为王后的头像,然而我们看到的帕提亚的钱币目录中,很少见到背

---

　* 丁骋骋,浙江财经大学金融学院,zufe_finance@126.com。

面为王后的银币，以弗拉特斯四世（Phraates IV，约公元前37—公元前2年在位）的银币为例，正面为国王的侧像，背面是一个弓箭手手持弯弓的坐像——这是帕提亚银币最典型的图案。

图1　弗拉特斯四世的银币

在帕提亚古钱币所有目录中，只有一个特例。帕提亚弗拉特斯五世（Phraates V，公元前2—公元4年在位）统治时期，银币正面为国王头像，背面居然一反常态地出现了一位王后的头像。这位王后名叫穆萨（Musa），本是意大利女奴，是当时的罗马皇帝屋大维赠给帕提亚国王弗拉特斯四世，作为没有夫妻名分的妾（concubine）。罗马与帕提亚长期冲突，在公元前54年的卡莱战役（The Battle of Carrhae）中，奥罗德斯二世（Orodes II，公元前57—公元前37年在位）统率下的安息军几乎全歼了罗马军，缴获了罗马人的鹰旗，连他们的统帅——恺撒时期三巨头之一的克拉苏也被杀了，这是罗马帝国有史以来在战场上遭受的最大耻辱。屋大维成为独裁皇帝后，和帕提亚和解。帕提亚人归还了罗马人的军旗，作为回报，屋大维将穆萨赠送给弗拉特斯四世，没想到这个女人居然是弗拉特斯四世的致命毒药。

穆萨来到帕提亚以后，为国王生下一子（即后来的弗拉特斯五世）。在罗马可能就见惯了宫廷内斗的穆萨，为了保证这位庶出的儿子能继承王位，费尽心计，她先是劝诱弗拉特斯四世将其他儿子送到罗马去做人质，再乘机把自己的儿子立为王位继承人，然后毒死弗拉特斯四世，使儿子顺利上位。看到这里，善良的读者大可不必为弗拉特斯四世心生恻隐，因为这位命丧宫廷政变的国王，一样也是靠谋杀自己的亲生父亲奥罗德斯二世登上王位的,这位暴君不仅谋害父亲,还在即位为弗拉特斯四世后,对其他30个兄弟大开杀戒,一个不剩。这种靠着血腥的宫廷政变实现的王位继承,几乎成为帕提亚王朝的常态,前面提到的奥罗德斯二世一样也是靠着谋杀父亲继位。

公元前 2 年,弗拉特斯五世如愿登上王位,这位弑父篡位的新主并没有比他的前任好多少。而更狗血的是,穆萨居然和儿子结婚,因为这样她可以顺利地成为王后。今天的人们也许已经习惯了古代的宫廷阴谋与父子相残,但是这样的不堪剧情,估计也令人匪夷所思吧!当然,这种事情在当时帕提亚人看来也一样无法接受,因此弗拉特斯和他母亲二人在位仅 6 年,人们就起来推翻了他们的统治,把奥罗德斯三世(Orodes III)推上王位。图 2 的这枚银币,正面就是头戴王冠的弗拉特斯五世的侧像,两边有两个小人,这是古希腊神话传说中的胜利女神尼姬(Nike);背面就是盛装的穆萨王后,两边有希腊文铭文。帕提亚王朝的钱币继承了塞琉古的文化,而塞琉古是一个希腊化的国家,希腊语是帕提亚的官方语言之一,因此在帕提亚的钱币上印制希腊文很普遍,直到萨珊朝才开始不用希腊文。

图 2　弗拉特斯五世的银币

古典时代,钱币上打制君主及王室成员的图案十分普遍,和帕提亚同时代的罗马帝国就是典型。由图 3 可以看出,在屋大维之后的皇帝提比略(Tiberius,公元 14—公元 37 年在位)执政时期,罗马发行的奥里斯(aureus)金币正面为皇帝戴月桂冠的头像,背面为提比略的母亲,即屋大维的皇后莉维亚(Livia Drusilla,公元前 59—公元 29年),她一手持橄榄枝,一手拿着权杖,坐在椅子上。弗拉特斯五世时期将王后头像打制在银币背面的做法,很可能受了罗马的影响。因为穆萨本人就来自意大利,而弗拉特斯五世也曾经作为人质在罗马生活多年。他们在位时发行的这类钱币被汉朝的使者目睹,将此信息带回并记入班固的《汉书》,上面出土的这枚帕提亚钱币正好也证明了这一例外。班固生活的年代(公元 32—公元 92 年)离弗拉特斯五世并不那么遥远,他的记载应该是可信的。

图 3 提比略的奥里斯金币(约公元 27—公元 30 年)

古代西方母子成婚的例子非常罕见,但兄弟姐妹之间通婚确实存在,比如埃及的法老时代,以及后来的托勒密王朝,宫廷内就有这个习俗。读者可能知道托勒密王朝的末代君主,也就是大名鼎鼎的"埃及艳后"克莱奥帕特拉七世(Cleopatra VII Philopator,公元前 51—公元前 30 年在位)。公元前 51 年,19 岁的她与弟弟托勒密十三世(Ptolemy XIII Theos Philopator,公元前 51—公元前 47 年在位)成婚并共同执政,当时的托勒密十三世年仅 11 岁。由于两人不和,开始托勒密十三世得势,将其姐姐囚禁起来。公元前 48 年,恺撒追赶庞培来到埃及,他杀死了托勒密十三世,扶持克娄佩特拉七世上台,之后演绎了一系列起起落落的故事,直至托勒密王朝灭亡。埃及宫廷内部这种近亲通婚的行为,有的可能只是名义上的,比如上面提到的埃及艳后和托勒密十三世,但有的确实留下了后代,这造成了王室的遗传病——眼突和粗脖,我们从托勒密王朝的钱币肖像中可见一斑。

埃及托勒密王朝第二任君主托勒密二世(Ptolemy II Philadelphus,公元前 285—